ASCHENDORFFS SAMMLUNG
LATEINISCHER UND GRIECHISCHER
KLASSIKER

LYSIAS
AUSGEWÄHLTE
REDEN

Eingeleitet, ausgewählt
und kommentiert von
ERNST-ALFRED KIRFEL

Text

VERLAG ASCHENDORFF
MÜNSTER

2./3., durchgesehene Auflage

© 1977 Aschendorffsche Verlagsbuchhandlung GmbH & Co., Münster

Das Werk ist urheberrechtlich geschützt. Die dadurch begründeten Rechte,
insbesondere die der Übersetzung, des Nachdrucks, der Entnahme von Abbildungen,
der Funksendung, der Wiedergabe auf fotomechanischem oder ähnlichem Wege
und der Speicherung in Datenverarbeitungsanlagen bleiben, auch bei nur auszugsweiser
Verwertung, vorbehalten. Die Vergütungsansprüche des § 54, Abs. 2, UrhG,
werden durch die Verwertungsgesellschaft Wort wahrgenommen.

Gesamtherstellung: Aschendorffsche Verlagsbuchhandlung GmbH & Co., Münster, 1985

ISBN 3-402-02261-3

Inhalt

	Seite
Vorwort	V
Einleitung	1
Literaturverzeichnis	25
Die Rede gegen Eratosthenes (XII)	26
Die Rede über die Ermordung des Eratosthenes (I)	57
Die Rede über den Ölbaumstumpf (VII)	71
Die Rede für Mantitheos (XVI)	84
Die Rede gegen die Kornhändler (XXII)	95
Die Rede für den erwerbsunfähigen Krüppel (XXIV)	102
Verzeichnis der Eigennamen	111

Vorwort

Die vorliegende Neubearbeitung einer Auswahl aus den Reden des Lysias basiert auf der Ausgabe von A. Kleffner. Allerdings wurden zahlreiche Veränderungen vorgenommen. Die umfangreiche Einleitung, die über alles informiert, was zum Verständnis der Reden notwendig ist, wurde völlig überarbeitet und durch ein Verzeichnis mit der wichtigsten weiterführenden Literatur erweitert.

Der Text wurde durchgesehen und mit den Ausgaben von C. Hude (Oxford 1968[8]) und R. M. Lamb (London 1960) verglichen, so daß die vorliegende Ausgabe einen wissenschaftlich fundierten Text bietet ohne Entstellungen und Vereinfachungen.

Die wichtigste Änderung stellt aber wohl die Aufnahme der Rede „Über die Ermordung des Eratosthenes" dar, die an die Stelle der Rede „Gegen Agoratos" (XIII) trat. Hierzu führte zum einen die Überlegung, daß mit der Rede XII („Gegen Eratosthenes") und mit den Hinweisen in anderen Reden die Verfassungswirren und die Zeit der „Dreißig" in Athen hinreichend repräsentiert seien, zum anderen der Wunsch mancher Kollegen nach der Rede I, die mit ihrem interessanten Kriminalfall vieles aus dem Alltagsleben Athens erzählt.

Die Rede XII („Gegen Eratosthenes") ist vorangestellt, weil ihr eine Sonderstellung unter den Reden des Lysias zukommt. Sie ist eine wichtige Quelle für die Biographie des Lysias und die einzige Rede, die Lysias selbst und im eigenen Namen gehalten hat.

Rheinbach, im Mai 1977

Dr. Ernst-Alfred Kirfel

EINLEITUNG

I. Die griechische Beredsamkeit

1. Entwicklungsgang

Die Anfänge der griechischen Beredsamkeit reichen hinauf bis in das graue Altertum. Schon im Zeitalter Homers spielt sie eine bedeutende Rolle; das beweisen die zahlreichen Ansprachen, welche die homerischen Fürsten halten, und das hohe Ansehen, dessen sich die bedeutendsten Redner wie Nestor, Odysseus, Menelaos erfreuen. Die freiheitliche Entwicklung der griechischen Staaten in der historischen Zeit steigerte naturgemäß die Bedeutung des gesprochenen Wortes; man brauchte es im Rat, in der Volksversammlung und vor Gericht; kurz, es wurde mit der Zeit das unentbehrlichste Organ des politischen und sozialen Lebens. Zur Ausbildung der eigentlichen Staatsrede kam es indes nur zu Athen und auch hier erst, als dieser Staat bereits die politische und geistige Führung Griechenlands übernommen hatte. Ihre Blüte fällt zusammen mit der Glanzzeit Athens und knüpft sich an den Namen des Perikles. Diese ältere attische Beredsamkeit zeichnet sich aus durch Kraft und Würde des Inhaltes, bewahrt im Ausdruck aber den Charakter ursprünglicher Schlichtheit. Selbst Perikles, der nach dem Zeugnis des Aristophanes donnerte und blitzte und, wenn er sprach, ganz Hellas bewegte, wirkte mehr durch die überlegene Kraft seines Geistes als durch die Anwendung äußerer Kunstmittel.

Die politischen Wandlungen, die der Peloponnesische Krieg im Gefolge hatte, gaben auch der Beredsamkeit eine neue Richtung. Sie wird charakterisiert durch das

Zurücktreten der großen politischen Ideale und das einseitige Streben nach technischer Gewandtheit, kurz durch die Vorherrschaft der Rhetorik. Die eigentliche Heimat der Rhetorik war Sizilien. Hier hatte sich schon um die Mitte des 5. Jahrhunderts der Syrakusaner Korax mit der Theorie der Redekunst befaßt und die Elemente der griechischen Beredsamkeit in ein festes System gebracht, das er τέχνη ῥητορική nannte. Sein Schüler Teisias hatte dann seine Kunst nach Thurioi in Unteritalien verpflanzt, und so war sie, dank des regen Verkehrs zwischen dieser Neugründung Athens (444 v. Chr.) und der Mutterstadt, auch in Athen bekannt geworden.

Herrschenden Einfluß aber erlangte die Rhetorik erst durch Gorgias aus Leontinoi. Dieser Mann kam im Jahre 427 als Gesandter seiner Vaterstadt nach Athen, um hier Hilfe gegen Syrakus zu erbitten. Seine auf theatralischen Effekt berechneten Vorträge (θεατρικά) erregten ungeheures Aufsehen und weckten sofort Nacheiferung. Das veranlaßte ihn, im alten Griechenland dauernd seinen Wohnsitz zu nehmen; von Athen aus besuchte er die bedeutendsten Städte des griechischen Festlandes und erwarb sich in kurzer Zeit durch seine Reden und seinen Unterricht Ruhm und Reichtum. Die Stärke des Gorgias lag in der Prunkrede (s. u.); berühmt waren seine pythischen und olympischen Reden, in denen er die Griechen zur Eintracht und zum Kampfe gegen die Perser ermahnte. Im übrigen war seine Kunst lediglich formaler Natur. Wie Korax definierte er die Beredsamkeit als Kunst des Überredens; der Inhalt war ihm daher Nebensache; er suchte vielmehr durch kunstvolle Anordnung des Stoffes, durch blendende Metaphern, vor allem aber durch den Gebrauch poetischer und seltener Worte das Ohr des Hörers zu bezaubern. Den einfachen Satzbau der älteren Zeit, der die Gedanken kunstlos aneinanderreiht (λέξις εἰρομένη), ersetzte er durch den sog. Gedankenparallelismus (λέξις ἀντικειμένη), indem er die Gedanken, sei es als gegensätzliche, sei es als gleichartige, paarweise gegenüberstellte. In seinen Schriften bedient er sich des attischen Dialektes. Die Kunst des Gorgias fand die eifrigsten Nachahmer und Förderer in den Sophisten. Durch ihre grammatischen und dialektischen Studien wurden sie die eigentlichen Begründer und Bildner der attischen Prosa. Besonders haben sie sich um die Ausbildung der Stilarten verdient gemacht; auf sie wird auch der künstliche Periodenbau (λέξις κατεστραμμένη) zurückgeführt, der späterhin die ἀντικειμένη fast ganz verdrängte, kurz, durch ihre Tätigkeit erreichte die formale Technik ihren Höhepunkt.

Die Sophisten haben sich sicherlich große Verdienste um die griechische Geistesgeschichte erworben, so z. B. um die Entwicklung der Sprachwissenschaft und um die Ausrichtung der Philosophie auf die Beschäftigung mit dem Menschen. Da sie es jedoch in der Redekunst mit der Wahrheit vielfach nicht so genau nahmen, mit Scheingründen arbeiteten und alles daran setzten, auch der ungerechten Sache zum Siege zu verhelfen (τὸν ἥττω λόγον κρείττω ποιεῖν), gerieten sie bald in Verruf. Darum begannen bereits gegen Ende des 5. Jahrhunderts die Redner sich größerer Sachlichkeit zu befleißigen und die Auswüchse der Rhetorik zu bekämpfen. Ihr Bestreben, die positiven Ergebnisse der sophistischen Rhetorik mit der Kraft und Würde der älteren Staatsrede zu verbinden, führte dann zur höchsten Blüte der griechischen Redekunst, zur sogenannten jüngeren attischen Beredsamkeit. Da man nunmehr dazu überging, auch die gehaltenen Reden zu veröffentlichen, so wurde die Beredsamkeit ein **Zweig der Literatur**.

Unter der großen Zahl der Redner dieser Zeit haben bereits die Alten eine engere Auswahl getroffen, die sogenannte **Dekas der attischen Redner**; es sind dies **Antiphon, Andokides, Lysias, Isokrates, Isaios, Aischines, Demosthenes, Hypereides, Lykurgos** und **Deinarchos**.

Ihre Wirksamkeit fällt in die Zeit von der 2. Hälfte des Peloponnesischen Krieges (ca. 420 v. Chr.) bis zur Schlacht von Chaironeia (338 v. Chr.).

2. Die Arten der Reden

Nach ihrer jeweiligen Bestimmung werden drei Gattungen der Rede unterschieden:

1. das γένος ἐπιδεικτικόν oder die **Prunkrede**; sie kam hauptsächlich in den Festversammlungen (πανηγύρεις) als λόγοι πανηγυρικοί sowie bei den öffentlichen Leichenfeiern als λόγοι ἐπιτάφιοι zur Anwendung. Ihre höchste Vollendung erreichte sie durch **Isokrates**;

2. das γένος συμβουλευτικόν oder δημηγορικόν, die **politische Rede** in der Volksversammlung oder im Rate; der bedeutendste politische Redner Athens und überhaupt der größte Redner des Altertums ist **Demosthenes**;

3. das γένος δικανικόν, die **Gerichtsrede**. Mit ihr befaßte sich weitaus die Mehrzahl der Redner. Aber nur in den allerseltensten Fällen wurden diese Reden von den Verfassern selbst gehalten. Da nämlich vor den athenischen Gerichten die streitenden Parteien ihre Sache persönlich führen mußten, so ließ man sich von den berufsmäßigen Rednern eine Rede verfassen, wenn

man selbst nicht dazu imstande war, und lernte sie auswendig. Diejenigen, die für andere Reden schrieben, hießen λογογράφοι. Unter ihnen ist der bedeutendste Lysias.

II. Lysias

1. Sein Leben

Über das Leben des Lysias sind wir recht gut unterrichtet durch seine Rede gegen Eratosthenes (XII), durch die Schrift „Über die alten Redner" des Dionysios v. Halikarnaß[1], in deren erstem Buch Lysias behandelt wird, und durch Pseudo-Plutarch, Vita decem oratorum. Nach diesen Zeugnissen wurde Lysias in Athen geboren. Ps.-Plutarch gibt als sein Geburtsjahr Olymp. 80,2 = 459 v. Chr. an. Da aber sein Vater um 460 von Syrakus nach Athen übersiedelte und hier 30 Jahre lebte, also um 430 starb, Lysias aber als 15jähriger nach dem Tode des Vaters nach Thurioi ging, ergibt sich als Geburtsjahr 445. Er entstammte einer wohlhabenden und hochangesehenen Metökenfamilie. Sein Vater Kephalos, der auf eine Einladung seines Gastfreundes Perikles aus Syrakus nach Athen übergesiedelt war, gehörte dem bevorzugten Stande der ἰσοτελεῖς an. Als solcher hatte er alle Rechte und Pflichten eines Vollbürgers, nur von der Mitwirkung an den Staatsgeschäften war er ausgeschlossen. Ebenso gebildet wie reich, nahm er an dem Geistesleben seiner neuen Heimat sehr regen Anteil; in seinem Hause verkehrten die bedeutendsten Männer seiner Zeit, Sopho-

---

[1] Griechischer Geschichtsschreiber und Rhetor; er lebte zur Zeit des Augustus in Rom.

kles und Sokrates würdigten ihn ihrer Freundschaft, und Platon hat seiner Verehrung für ihn dadurch Ausdruck gegeben, daß er den Schauplatz seines großartigsten Dialoges, des Gespräches über den Staat, in das Haus des greisen Kephalos verlegte.

Daß die Söhne dieses Mannes – sie hießen Polemarchos, Lysias und Euthydemos – eine höchst sorgfältige Erziehung genossen, liegt auf der Hand; von Lysias wird denn auch ausdrücklich erwähnt, daß er zusammen mit den Kindern der vornehmsten Athener unterrichtet worden sei.

Nach vollendetem 15. Lebensjahr wanderte Lysias mit seinen Brüdern nach Thurioi in Unteritalien aus, jener machtvoll aufstrebenden, auf Betreiben des Perikles gegründeten panhellenischen Kolonie, die seit ihrer Neugründung (444) eine Menge von Einwanderern aus allen Teilen Griechenlands an sich zog und unter anderen auch den berühmten Geschichtsschreiber Herodot zu ihren Bürgern zählte. Hier genoß er den Unterricht des Rhetors Teisias und versuchte sich auch selbst schon in der Abfassung von Schulreden. Mit seinem Bruder Polemarchos hatte er sich aber, den Überlieferungen des Elternhauses getreu, an die demokratische Partei angeschlossen. Infolgedessen wurden beide[1] nach der Niederlage der Athener in Sizilien (413), die auch in Thurioi den Sturz der Demokratie zur Folge hatte, mit 300 anderen athenischen Bürgern gezwungen, die Stadt zu verlassen. Beide kehrten nach Athen zurück. Im Piräus betrieben sie gemeinschaftlich eine Schildfabrik, in der sie zeitweilig bis zu 120 Arbeiter beschäftigten. Der reiche Geschäftsgewinn ermöglichte es dem Lysias, auch hier seinen

---

[1] Von Euthydemos ist weiter keine Rede mehr.

Lieblingsneigungen nachzugehen und sich in der Redekunst weiter auszubilden. Er verfaßte epideiktische und panegyrische Reden nach dem Vorbilde des Teisias und soll sogar als Lehrer der Beredsamkeit den Wettbewerb mit dem Rhetor Theodor von Byzanz aufgenommen haben.

Dem Glück der Brüder machte die Habgier der dreißig Tyrannen (s. u.) ein jähes Ende. Polemarchos wurde von Eratosthenes, einem Mitgliede der Regierung, verhaftet und mußte im Kerker den Giftbecher trinken. Lysias vermochte sich noch im letzten Augenblicke zu retten. Ihr Vermögen wurde eingezogen. Das Nähere darüber s. XII 5–20.

Aber selbst in der Verbannung blieb Lysias der Sache der Demokraten treu. Von Megara aus, wohin er sich mit dem Rest seines Vermögens geflüchtet hatte, unterstützte er seine Partei mit Waffen, Geld und Söldnern; auch an den Kämpfen im Piräus scheint er persönlich Anteil genommen zu haben; jedenfalls kehrte er unmittelbar nach dem Sturz der Gewaltherrschaft nach Athen zurück. Athenischer Bürger, wie Cicero meint, ist er indes nicht geworden. Der Antrag des Thrasybul, den verdienstvollen Metöken das Bürgerrecht zu verleihen, ging zwar durch, aber Thrasybul wurde durch einen gewissen Archinos der Gesetzwidrigkeit angeklagt und auch verurteilt, und so ging den Neubürgern die ihnen zugedachte Belohnung wieder verloren.

Nach Wiederherstellung der Verfassung war es des Lysias erste Sorge, den Eratosthenes, der im Vertrauen auf seine unter der Gewaltherrschaft bewiesene Mäßigung in der Stadt zurückgeblieben war und sich dort dem gesetzlich vorgeschriebenen Rechtfertigungsverfahren unterwarf, als den Mörder seines Bruders zur Rechenschaft zu ziehen. Allerdings gelang es ihm nicht, die Verurteilung des Beklagten zu erwirken. Allein seine Anklagerede hatte Aufsehen erregt, und das wurde entscheidend für seine Zukunft: da ihm in den Wirren des Bürgerkrieges fast sein ganzes Vermögen verlorengegangen war, so griff er in der Not zu der zwar wenig angesehenen, aber lohnenden Beschäftigung eines λογογράφος; er wurde Redenschreiber. Als solcher entwickelte er eine sehr fruchtbare und erfolgreiche Tätigkeit. Nach dem Zeugnis des Rhetors Dionysios von Halikarnaß soll er nicht weniger als 233 Gerichtsreden verfaßt und nur zweimal den Prozeß verloren haben.

Über sein weiteres Schicksal sind wir nur sehr dürftig unterrichtet. Das letzte bedeutende Ereignis, das aus seinem Leben berichtet wird, fällt in das Jahr 388, in die Zeit der olympischen Spiele. Zu diesen hatte auch der Tyrann Dionysios von Syrakus eine höchst prunkvolle Festgesandtschaft geschickt, obwohl es ein offenes Geheimnis war, daß er zur Unterdrückung Griechenlands sich mit dem Perserkönig ins Einvernehmen gesetzt hatte. Empört über diese Frechheit griff Lysias den Tyrannen vor der ganzen Festversammlung aufs heftigste an. In seiner Rede, die unter dem Titel Ὀλυμπιακός zum größten Teile noch erhalten ist, ermahnte er die Hellenen zum gemeinsamen Kampfe gegen den sizilischen Gewaltherrscher und erreichte tatsächlich, daß die kostbaren Zelte der Syrakusaner zerstört und ihre Gesandten von der Festfeier ausgeschlossen wurden.

Sein Todesjahr steht nicht fest, wir wissen nur, daß er 380 noch als Logograph tätig war und erst in hohem Alter gestorben ist.

Unter dem Namen des Lysias sind uns 170 Reden bekannt; erhalten sind davon aber nur 31 ganz oder zum größten Teile, von 3 andern besitzen wir größere Bruchstücke. Da Lysias als Metöke sich am politischen Leben nicht beteiligen konnte, Staatsreden aber nur selten von den Redenschreibern verlangt wurden, kann es uns nicht befremden, daß die meisten der erhaltenen Reden dem γένος δικανικόν angehören; nur von einer einzigen politischen (XXXIV) hat Dionysios von Harlikarnaß einen Bruchteil erhalten. Von seinen epideiktischen Reden verdient nur der oben erwähnte Ὀλυμπιακός hervorgehoben zu werden.

2. Lysias als Redner

Wenn auch Lysias nicht wie Demosthenes zu den Rednern ersten Ranges gezählt werden darf, so gebührt ihm doch unter seinen Zeitgenossen ein bevorzugter Platz. Der einseitige Formalismus und das übertriebene Pathos der sizilischen Rhetorik tritt bei ihm nicht mehr hervor, seine Reden zeichnen sich vielmehr aus durch **gleich sorgfältige Behandlung von Inhalt und Form**.

Mit kurzen, markigen Zügen charakterisiert er in der **Einleitung** (προοίμιον) Personen und Sache und versteht es vortrefflich, von vornherein für seinen Schützling und gegen seinen Widersacher Stimmung zu machen. – Die Darlegung des **Tatbestandes** (διήγησις) erfolgt mit solcher Klarheit und Anschaulichkeit, daß er von keinem Redner seines Volkes, selbst von Demosthenes nicht, darin übertroffen wird. Dabei weiß er geschickt die mannigfachsten Beweismittel schon mit der Erzählung zu verknüpfen, so daß mit der Darlegung des Falles vielfach das Spiel für ihn schon gewonnen ist. – Seine **Beweisführung** (πίστις) verrät großen Scharfsinn und eine außergewöhnliche Erfindungsgabe. Unerschöpflich im Beschaffen von Beweisstücken, entwickelt er die einzelnen Argumente mit großer Klarheit und, da er in den meisten Fällen die gute Sache vertritt, auch mit durchschlagender Kraft. – Den Schluß (ἐπίλογος) der Rede bildet meist eine kurze, aber wirkungsvolle Mahnung an die Richter; bei den kürzeren Reden begnügt er sich in der Regel mit einer gedrängten Zusammenfassung der Hauptbeweisstücke. –

Dem Zweck der Gerichtsrede entsprechend ist die sprachliche Form einfach und verständlich. Lysias gilt mit Recht als das Muster des schlichten Stiles. Der Schmuck der gorgianischen Beredsamkeit, Metaphern, Gleichnisse, Personifikationen, poetische Wendungen u. dgl., ist ihm völlig fremd; er bezeichnet vielmehr jeden Gegenstand mit dem eigentlichen, ihm zukommenden Ausdruck. Diese Schmucklosigkeit der Rede ist aber keineswegs gleichbedeutend mit Kunstlosigkeit. Im Gegenteil, bei Lysias ist jedes Wort wohl berechnet und genau abgewogen. In der Wahl des Ausdrucks hält er sich streng an den attischen Sprachgebrauch und verfährt dabei mit großer Sorgfalt und feinem Sprachgefühl; die Darstellung zeigt eine seltene Plastik und ist bei aller Knappheit außerordentlich fließend und anmutig.

Mit der sizilianischen Rhetorik teilt er die Vorliebe für den Parallelismus der Satzglieder (λέξις ἀντικειμένη), der besonders in der Hervorhebung des Gegensatzes zum Ausdruck kommt. Auch liebt er es, die Wirkung seiner Worte durch reimartigen Ausgang (ὁμοιοτέλευτον) oder durch gleichen Umfang (πάρισον) der parallelen Glieder zu verstärken.

Der eigentliche Zauber der lysianischen Reden beruht aber hauptsächlich auf der vorzüglichen Charakteristik der auftretenden Personen (ἠθοποιία). Unter allen Logographen versteht er es am besten, sich in die Denk- und Sprechweise seiner Klienten hineinzuleben und unter vollständiger Wahrung seiner künstlerischen Eigenart ihre Persönlichkeit klar und deutlich zum Ausdruck zu bringen. Anders spricht der vornehme Ratsherr, der mit kühler Geschäftsmäßigkeit den wucherischen Kornhändlern zu Leibe rückt, anders der gelähmte Handwerksmann, der mit lustigem Humor um sein tägliches Almosen kämpft, anders äußert sich der Unwille des ehrgeizigen, aber ehrlichen Reiters über ungerechte Zurücksetzung, anders die Entrüstung des biederen Landmannes, den ein böswilliger Sykophant des Frevels am heiligen Ölbaum beschuldigt. Kurz, die Reden des Lysias sind dem Wesen seiner Schützlinge vortrefflich angepaßt und trotz des eleganten Attisch, das in ihnen gesprochen wird, so individuell gehalten, daß wir aus einer jeden von ihnen ein treues, lebenswahres Bild des Redenden nach seinem Charakter, seiner Lebensstellung und seinem Bildungsgrade erhalten und über dem Interesse, das uns dessen Persönlichkeit einflößt, die idealisierende Hand des Künstlers vergessen.

Die hohen Vorzüge unseres Redners sind denn auch schon im Altertum allseitig anerkannt und gewürdigt worden. Von den Alexandrinern wurde er dem Kanon der attischen Redner eingereiht. Den römischen Rednern nach Hortensius war er vielfach Vorbild und Richtschnur (Attizismus). Cicero urteilt über ihn Brut. 9, 35: ipse (Lysias) quidem in causis forensibus non versatus, sed egregie subtilis scriptor atque elegans, quem iam prope audeas oratorem perfectum dicere. Bei Dionysius von Halikarnaß (περὶ τῶν ἀρχαίων ῥητόρων, Λυσίας) lesen wir: καθαρός ἐστιν τὴν ἑρμηνείαν πάνυ καὶ τῆς Ἀττικῆς γλώττης ἄριστος κανών, οὐ τῆς ἀρχαίας ..., ἀλλὰ τῆς κατ᾿ ἐκεῖνον τὸν χρόνον ἐπιχωριαζούσης (c. 2). ... ἐν δὲ τῷ διηγεῖσθαι τὰ πράγματα, ὅπερ οἶμαι μέρος πλείστης δεῖται φροντίδος καὶ φυλακῆς, ἀναμφιλόγως ἡγοῦμαι κράτιστον αὐτὸν εἶναι πάντων ῥητόρων (c. 18.) Für ihn bedeutet Lysias überhaupt den Höhepunkt attischer Redekunst. Gleich günstig äußert sich ein Jahrhundert später der römische Rhetor Quintilian: Lysias, subtilis atque elegans et quo nihil, si oratori satis est docere, quaeras perfectius. Nihil est enim inane, nihil arcessitum; puro tamen fonti quam magno flumini propior (Instit. or. X 78). Der in der augusteischen Zeit wirkende griechische Rhetor Caecilius von Kalakte will ihn sogar dem Platon vorgezogen wissen. Diesen überschwenglichen Lobeserhebungen gegenüber haben neuere Beurteiler auf einen gewissen Mangel an sittlichem Gehalt in den Reden des Lysias hingewiesen, und in der Tat läßt sich nicht in Abrede stellen, daß er wie die meisten Logographen es mit der Wahrheit nicht immer genau nimmt und gelegentlich durch absichtliche Verdunkelung des Tatbestandes, falsche Unterstellungen, spitzfindige Schlüsse sich und seiner Sache zu nützen sucht. Im allgemeinen aber darf man wohl sagen, daß er nur der besseren Sache dient und meistens das Recht auf seiner Seite hat. Jedenfalls bleiben die Reden des Lysias auch trotz der erwähnten Mängel bedeutsame Leistungen, die in künstlerisch vollendeter Form eine Reihe frisch aus dem Leben gegriffener Einzelbilder zur Darstellung bringen und durch die anschauliche Schilderung der politischen und sozialen Verhältnisse des damaligen Athen eine reiche Quelle der Unterhaltung und Belehrung geworden sind.

III. Das athenische Gerichtswesen

1. Die Arten der Prozesse

Die allgemeine Bezeichnung für Rechtshandel im weitesten Sinne ist δίκη (causa). In der Regel jedoch bedeutet δίκη die **Privatklage** (ἀγὼν ἴδιος) im Gegensatz zur γραφή, dem **öffentlichen Prozeß** (ἀγὼν δημόσιος). Bei der δίκη handelt es sich um die Verletzung eines Privatinteresses; nur der Geschädigte kann Klage erheben, und nur ihm fällt die Entschädigung zu; die γραφή dagegen betrifft die Verletzung eines öffentlichen Interesses, jeder Bürger kann als Kläger auftreten, die Buße fällt an den Staat. Steht die Strafe von vornherein fest, so ist der Prozeß ein ἀγὼν ἀτίμητος; Prozesse, bei denen die Höhe des Strafmaßes erst im Laufe des Verfahrens bestimmt wird, heißen τιμητοί. Nur die Vollbürger hatten das Recht, eine Klage anzustrengen. Fremde und Metöken mußten sich durch einen Schutzherrn (προστάτης) vertreten lassen. Über das Recht der Isotelen s. unter εὐθύνη 2, S. 18.

2. Die Zusammensetzung des Gerichtes

Die athenische Gerichtsverfassung scheidet scharf zwischen der **Leitung des Verfahrens** und der **Urteilssprechung**. Erstere lag stets in den Händen der **Behörden**, das **Urteil** dagegen wurde nur durch eine **Körperschaft**, ein Richterkollegium, gefällt.

a) Die **leitenden Behörden** (ἡγεμόνες τοῦ δικαστηρίου) waren die Archonten, und zwar für Familien- und Erbschaftsangelegenheiten der ἐπώνυμος, für Sachen, die sich auf Religion und Kultus bezogen – dazu gehörten auch die Kapitalverbrechen – der βασιλεύς, für die Streitigkeiten der Fremden und Metöken der πολέ-

μαρχος, in den übrigen Rechtshändeln die θεσμοθέται.
b) **Richterkollegien** gab es mehrere. Das vornehmste war der **Areopag**, der sich aus den abgegangenen Archonten zusammensetzte. Er urteilte nur über Bürger und nur in Mordsachen oder bei Verletzung der heiligen Ölbäume (VII). –
Weitaus die meisten Sachen kamen vor das **Volksgericht** (ἡλιαία). Es bestand aus 6000 Vollbürgern, die mindestens 30 Jahre alt sein mußten; die Mitglieder wurden jährlich ausgelost und zwar 600 aus jeder Phyle. 5000 von ihnen wurden auf 10 Abteilungen von je 500 verlost und verblieben dann dauernd in diesen Abteilungen. Die übrigen 1000 waren Ersatzmänner. Die Verlosung für die einzelnen Gerichtssitzungen erfolgte je nach Bedarf; sie wurde von den Prytanen vollzogen und fand erst am Morgen des Gerichtstages statt. Für Privatklagen betrug die Zahl der Richter in der Regel 201, für öffentliche 501. Bei wichtigen Entscheidungen wurden auch wohl mehrere Abteilungen, in besonderen Fällen gar alle herangezogen. Jeder Heliast mußte schwören, unparteiisch nach Gesetz und Überzeugung zu richten. Die Geschworenen erhielten als Zeichen ihrer Würde einen Stab; ein Bronzetäfelchen mit dem Namen des Betreffenden und dem Buchstaben seiner Abteilung diente als Ausweis bei der Erhebung des Richtersoldes, der zur Zeit des Perikles 1, seit Kleon 3 Obolen betrug.

Auch der **Rat der Fünfhundert** übte in einzelnen Fällen eine Art richterlicher Tätigkeit aus. Er entschied hauptsächlich über die Aufnahme der neuen Ratsmitglieder (XVI) und hatte alljährlich die Empfänger der Staatsalmosen auf ihre Würdigkeit zu prüfen (XXIV). Bei außergewöhnlichen Verbrechen, z. B. bei Verletzungen der Korngesetze (XXII), fällte er ein vorläufiges

Urteil und gab dann die Sache an das Volksgericht zur Entscheidung. (Vgl. unten εἰσαγγελία und δοκιμασία).

3. Das Verfahren

Das Verfahren umfaßt vier gesonderte Vorgänge, das Vorverfahren, die Hauptverhandlung, das Urteil und die Vollstreckung des Urteils.

a) **Das Vorverfahren besteht in der Anbringung der Klage und der Voruntersuchung.** Erstere erfolgte seitens des Klägers (διώκων) in der Weise, daß er den Angeklagten (φεύγων) unter Zuziehung von zwei Zeugen vor die zuständige Behörde lud und dann seine Klage schriftlich einreichte. Nahm die Behörde die Klage an, so wurde sie öffentlich bekanntgemacht. – In der Voruntersuchung (ἀνάκρισις), die im Amtslokal des Beamten stattfand, wurden zunächst der Kläger auf seine Klage (γραφή) und der Angeklagte auf seine Gegenrede (ἀντιγραφή) vereidigt (διωμοσία, ἀντωμοσία), dann das Beweismaterial (Zeugnisse, Urkunden, Gesetze) von beiden Seiten vorgebracht. Sklaven konnten als Zeugen von den Parteien nur angeboten, nicht gefordert werden (VII). Ihre Aussagen wurden stets unter Anwendung der Folter abgegeben, freie Nichtbürger durften nur bei Staatsverbrechen peinlich befragt werden. Nach Beendigung der Beweisaufnahme wurden die Beweismittel, für jede Partei gesondert, unter Verschluß gelegt und bis zur Hauptverhandlung aufbewahrt.

b) **Das Hauptverfahren** spielte sich an den offiziellen Gerichtsstätten ab, die fast alle in der Nähe des Marktes lagen. Die Verhandlung wurde mit einem feierlichen Opfer eröffnet. Alsdann ließ der Gerichtsvorstand vor versammelten Richtern und Zeugen die Klage und Ge-

genklage verlesen und erteilte den Parteien das Wort zur Begründung der Anklage bzw. zur Verteidung. Jeder mußte seine Sache selbst führen; einen Rechtsbeistand mitzubringen war gestattet; doch mußte dieser persönlich an der Sache beteiligt sein. Dem Redner war die Zeit durch die Wasseruhr (κλεψύδρα) genau zugemessen; die Zeit, die die Zeugenaussagen und die Verlesung der Urkunden in Anspruch nahmen, wurde natürlich in Abzug gebracht. Den Parteien war es gestattet, Fragen aneinander zu richten, wie auch die Richter Fragen an die Parteien stellen durften.

c) Das Urteil schloß sich unmittelbar an die Verhandlung. Die Abstimmung war geheim und erfolgte durch weiße und schwarze Steinchen (ψῆφοι) oder durch volle und durchbohrte bronzene Scheiben. Die vollen, mit denen das Urteil gefällt wurde, warf man in eine Urne aus Kupfer, die anderen in eine hölzerne Urne. Stimmengleichheit war gleichbedeutend mit Freispruch. – Bei den ἀγῶνες τιμητοί erfolgte im Falle einer Verurteilung noch eine zweite Verhandlung, in der beide Parteien ihre Vorschläge machten; die endgültige Entscheidung darüber stand bei den Richtern. Erfolgte in einer öffentlichen Klage Freispruch und erhielt der Kläger nicht ein Fünftel aller Stimmen, so hatte er eine Buße von 1000 Drachmen zu zahlen und konnte in einer öffentlichen Sache nicht wieder als Kläger auftreten.

d) Die Vollstreckung des Urteils oblag einer Kommission von 11 Mitgliedern (οἱ ἕνδεκα); diese hatten auch die Aufsicht über das Gefängnis.

Dieses Verfahren fand in der Regel nur bei der γραφή Anwendung. Privatklagen kamen meist vor die Schiedsrichter (διαιτηταί) und erst in der Berufungsinstanz vor die Geschworenen.

4. Besondere Arten des gerichtlichen Verfahrens

a) Die εἰσαγγελία. Man versteht darunter die Anzeige wegen Staatsverbrechen (z. B. Beamtenbestechung, Veruntreuung von öffentlichen Geldern, Verbrechen gegen die Korngesetze), die beim Volke erhoben und dann dem Rate übergeben wurde. Vergehen, bei denen das Strafmaß 500 Drachmen nicht überschritt, wurden vom Rate selbst geahndet. In schwereren Fällen gab der Rat ein vorläufiges Urteil ab und verwies die Sache dann an ein Heliastengericht unter dem Vorsitz der Thesmotheten (vgl. XXII, XII, 48, XVI, 12). Der Kläger blieb straflos, auch wenn er nicht den fünften Teil der Stimmen erhielt.

b) Die ἀπαγωγή war ein abgekürztes Verfahren ohne Voruntersuchung; ursprünglich war sie nur zulässig, wenn 1. ein gemeines Verbrechen (Diebstahl, Straßenraub, Anmaßung bürgerlicher Rechte) vorlag, 2. der Verbrecher auf frischer Tat (ἐπ' αὐτοφώρῳ) ertappt war. Später wurde es mit der zweiten Vorbedingung so genau nicht mehr genommen; sie galt auch dann schon für erfüllt, wenn das Verbrechen erwiesen oder doch so offenkundig war, daß es sich vor Gericht nicht mehr um die Feststellung des Tatbestandes, sondern nur um die Beurteilung der Tat handelte. Das Verfahren war folgendes: Der Kläger führte den Schuldigen zu den Elfmännern und reichte zugleich bei diesen seine Klageschrift, die ebenfalls ἀπαγωγή hieß, mit der Begründung der Klage ein; erschien sie hinreichend, so nahmen die Elfmänner sofort den Beklagten in Haft und überwiesen ihn einem Heliastengerichtshof zur Aburteilung. Natürlich stand dem Angeklagten das Recht zu, sich zu verteidigen. Trotzdem war diese Form des Verfahrens für ihn gefährlicher als der gewöhnliche Gang des Prozesses. Denn durch den Wegfall der Voruntersuchung war ihm das Beschaffen von Verteidigungsmaterial sehr erschwert und im Falle der Verurteilung die strengste Strafe gewiß, während beim regelmäßigen Prozeßverfahren der Angeklagte auf freiem Fuß blieb und sich nach seiner ersten Verteidigungsrede noch durch freiwillige Verbannung der Strafe entziehen durfte.

c) Die δοκιμασία war das jährliche Prüfungsverfahren, das sich erstreckte auf 1. die neu eingestellten Reiter (XVI 13), 2. die öffentlichen Almosenempfänger (XXIV), 3. die neugewählten Ratsmitglieder (XVI) und Beamten. Die Beamten außer den Archonten wurden durch die Geschworenen auf ihre Würdigkeit geprüft, in allen übrigen Fällen entschied der Rat.

d) Die εὐθύνη bezeichnet das Rechenschaftsverfahren, dem sich jeder Beamte nach Ablauf seines Amtsjahres zu unterziehen hatte. Wie der offizielle Terminus λόγον καὶ εὐθύνας διδόναι (vgl. XXIV 26) besagt, sind dabei zwei getrennte Vorgänge zu unterscheiden, nämlich die Rechnungsablage (λόγος) und der Ausweis über die gesamte Amtsführung (εὐθύνη).

1. Die Rechnungsablage über die Verwendung der öffentlichen Gelder fand unter allen Umständen statt und zwar vor den 10 für die einzelnen Phylen gewählten Revisoren (λογισταί). Diese veranlaßten, falls sie Aussetzungen zu machen hatten, eine Gerichtsverhandlung unter ihrem Vorsitz. Die Anklage wurde vertreten von 10 συνήγοροι, die den Logisten als Anwälte beigegeben waren; Richter waren die Geschworenen.

2. Die eigentliche εὐθύνη erfolgte nur auf besonderen Antrag. Die nächsten 3 Tage nach der Rechnungsablage konnte nämlich jeder Bürger, auch der Isotele

(XII), bei dem εὔθυνος seines Gaues, einem aus den Ratsherren erlosten Beamten, Klage über Amtsmißbrauch erheben. Die Anklage mußte schriftlich unter genauer Angabe des Namens, des Vergehens und des Strafmaßes (τίμημα) eingereicht werden. Dieses wurde dann von den εὔθυνοι geprüft und, wenn begründet, den Behörden übergeben, und zwar Privatsachen den Schiedsrichtern, öffentliche den Thesmotheten. Letztere veranlaßten dann eine Gerichtsverhandlung vor einem der Heliastengerichte. Der Ankläger mußte seine Sache persönlich führen (vgl. XII).

IV. Überblick über die athenischen Verfassungskämpfe der Jahre 412-401 v. Chr.

Zum Verständnis der Reden, besonders der Reden XII und XVI ist eine gewisse Kenntnis der Verfassungskämpfe und der damit verbundenen Wirren in Athen in den Jahren 412–401 erforderlich.

Die demokratische Verfassung war seit der Niederlage in Sizilien wachsenden Widerständen aus allen Schichten der Bevölkerung ausgesetzt. Vor allem wollten Männer aus den besitzenden Schichten die Ausübung der staatlichen Gewalt auf einen kleineren Kreis von Bürgern beschränken. Diejenigen, die auf eine solche oligarchische Verfassung hinarbeiteten, schlossen sich in politischen Geheimbünden, den sog. ἑταιρεῖαι, zusammen. Diesen gegenüber stand die Mehrheit der Bürger, die an der demokratischen Verfassung festhielten. Aber auch innerhalb dieser beiden Blöcke von Oligarchen und Demokraten kam es zu Spannungen und Meinungsverschiedenheiten. So war Athen in diesen Jahren erfüllt von politischer Agitation, Parteiversammlungen, Umzügen

Reden usw. Bald hatte die eine, bald die andere Partei die Oberhand. Im einzelnen stellen sich die Ereignisse etwa so dar:

413/12   Die Athener erleiden vor Syrakus eine entscheidende Niederlage; infolgedessen wird in Thurioi die Demokratie gestürzt, 300 athenische Bürger, darunter Lysias und sein Bruder Polemarchos müssen das Stadtgebiet räumen;

in Athen werden auf Betreiben der oligarchischen Geheimbünde aus den älteren Bürgern 10 πρόβουλοι gewählt, um als vorberatende Behörde eine Verfassungsänderung in die Wege zu leiten.

411   Diese erfolgt im oligarchischen Sinne. Der Rat wird auf 400 Mitglieder beschränkt, die nicht mehr erlost sondern erwählt werden, die Volksversammlung wird durch 5000 Bürger aus den besitzenden Klassen gebildet, tritt aber nicht in Tätigkeit. An der Spitze der Oligarchen stehen Theramenes, Phrynichos, Antiphon, Peisandros, Archeptolemos, Kallaischros, Aristokrates und andere.

Da es nicht gelingt, das auswärtige Heer durch besondere Boten für den Umsturz zu gewinnen (vgl. XII 42), arrangieren sich Theramenes und Aristokrates mit den Demokraten und bewirken den Sturz der Vierhundert, nachdem diese 4 Monate die Staatsgeschäfte geleitet hatten. Antiphon und Archeptolemos werden auf die Anklage des Theramenes hin als Verräter hingerichtet

(XII 65, 67), Phrynichos, der in Sparta Hilfe gesucht hatte, nach seiner Rückkehr auf offenem Markt ermordet, seine Mörder belohnt, die Verfassung aber im Sinne einer gemäßigten Demokratie geändert.

410/9 Allmählich artet die gemäßigte Demokratie wieder in eine zügellose Ochlokratie aus, die von den oligarchischen Klubs für ihre verräterischen Pläne ausgebeutet wird.

So werden die siegreichen Feldherren nach der Arginusenschlacht auf Anstiften des Theramenes durch die Volksversammlung, nicht durch die ordentlichen Gerichte, zum Tode verurteilt und hingerichtet, weil sie nicht alles getan hatten, um alle Seeleute zu retten. Die Friedensvorschläge der durch die Niederlage geschwächten Lakedämonier werden auf Betreiben des Demagogen Kleophon abgelehnt.

405
Spätsommer
Schlacht bei Aigospotamoi; die athenische Flotte wird vernichtet, Athen zu Wasser von Lysander und zu Lande von den spartanischen Königen Agis und Pausanias eingeschlossen. Die anfangs noch maßvollen Friedensbedingungen der Lakedämonier werden auf Betreiben des Kleophon zurückgewiesen. Infolgedessen tun sich die Oligarchen zusammen und wählen 5 Vertrauensmänner als „Werber und Führer der Verschworenen", die sie Sparta zu Liebe ἔφοροι nennnen, unter ihnen Theramenes und Eratosthenes (XII 43, 44); die Ephoren erwählen ihrerseits aus jeder Phyle einen zuver-

lässigen Mann, der die Bürger für den Umsturz der Verfassung gewinnen soll.

404
Frühling

In der wachsenden Bedrängnis des Volkes erbietet sich Theramenes, den Frieden zu vermitteln; er begibt sich zu Lysander, verzögert aber absichtlich seine Rückkehr, bis die Not aufs höchste gestiegen ist (XII 68–70). Trotz seines zweideutigen Verhaltens wird er gleich darauf als Haupt einer Friedensgesandtschaft mit unbeschränkter Vollmacht nach Sparta geschickt. Seine Bemühungen haben Erfolg: die Bedingungen der Lakedämonier, Auslieferung der Schiffe, Niederreißung der langen Mauern und der Befestigungswerke des Piräus, Zurückrufung der Verbannten, werden notgedrungen vom

Ende März Volke angenommen.

Den Bestrebungen der Aristokraten, zugleich einen Umsturz der Verfassung herbeizuführen, setzen indes die Führer der Volkspartei den heftigsten Widerstand entgegen.

Auf die Anzeige des Agoratos hin gelingt es aber, die einflußreichsten Führer der Volkspartei wegen staatsgefährlicher Umtriebe zu verhaften. Das Volk, seiner Führer beraubt und durch die Drohungen Lysanders, der von Samos nach Athen gekommen war, völlig eingeschüchtert, fügt sich den Anordnungen des Theramenes und betraut auf den Antrag des Drakontides hin 30 Männer nominell mit der Neuordnung der Gesetze, in Wirklichkeit mit der obersten Regie-

September rungsgewalt. (XII 71–76).

Die „Dreißig" lassen sofort nach ihrem Regierungsantritt die gefangenen Führer der Volkspartei hinrichten, halten im übrigen aber anfangs Maß und beschränken sich auf die Verfolgung der allgemein verhaßten Sykophanten.

Bald aber gewinnt die radikale Partei des Kritias über die gemäßigte des Theramenes die Überhand, die einflußreichsten Demokraten werden beseitigt, die wohlhabendsten Metöken, unter ihnen Lysias und Polemarchos (XII 6–18), ausgeplündert und teils getötet, teils verjagt, die Stadt entvölkert (XII 48). –

403
Januar

Thrasybul, der Führer der verbannten Demokraten, besetzt unterdes Phyle und kämpft siegreich gegen die Dreißig; diese nehmen eine spartanische Besatzung in die Burg auf, entwaffnen sämtliche Bürger bis auf 3000 oligarchisch gesinnte und verjagen die übrigen aus der Stadt. Theramenes, der sich der Grausamkeit des Kritias widersetzt, wird als Volksfreund zum Schierlingsbecher verurteilt. Um sich eine Zuflucht in Eleusis zu sichern, nehmen die Tyrannen 300 der angesehensten Bürger dieser Stadt durch List gefangen und lassen sie durch die 3000 zum Tode verurteilen (XII 52). Inzwischen hat sich Thrasybul des Piräus bemächtigt. Seitdem werden die Demokraten οἱ ἐν Πειραιεῖ oder οἱ ἐκ Πειραιῶς, die Oligarchen οἱ ἐν ἄστει genannt. In den folgenden Kämpfen fällt Kritias; die Dreißig werden abgesetzt und fliehen nach Eleusis. Nur Eratosthenes und

Pheidon bleiben in Athen zurück. Anstelle der Dreißig werden Zehnmänner gewählt, unter ihnen Pheidon (XII 55), um die Streitigkeiten beizulegen; sie täuschen aber das in sie gesetzte Vertrauen und kämpfen mit spartanischem Geld und Hilfstruppen gegen die Piräuspartei (XII 59). –

Diese erhält aber das Übergewicht; die Zehn werden abgesetzt und an ihre Stelle zehn andere gewählt; diesen gelingt es im Einverständnis mit dem Spartanerkönig Pausanias, der mit einem Heer in Attika

September eingerückt ist, die Versöhnung (αἱ διαλλαγαί) herbeizuführen. Es erfolgt eine allgemeine Amnestie; nur die „Dreißig", die ersten Zehnmänner, die ἕνδεκα und die Behörden im Piräus sind von dieser ausgeschlossen; aber auch sie können sie erhalten, wenn sie Rechenschaft ablegen. Der Vertrag wird von beiden Parteien beschworen, daher ὅρκοι καὶ συνθῆκαι genannt. – Die Spartaner ziehen ab, und die Hopliten der Piräuspartei veranstalten einen feierlichen Zug zur Burg, um der Stadtgöttin ihren Dank darzubringen.

403/2   Die Verfassung wird wiederhergestellt, die Bestrebungen der radikalen Demokraten, die Amnestie zu durchbrechen, werden durch das Gesetz des Archinos durchkreuzt.

401   Auch die Oligarchen in Eleusis verständigen sich mit Athen, nachdem sie durch eine List ihrer Führer beraubt sind; die Trennung der beiden Städte wird beseitigt.

Literaturverzeichnis

Zur Vertiefung sei auf folgende leicht zugängliche Literatur verwiesen.

I. zur Rhetorik

Eisenhut, W., Einführung in die antike Rhetorik und ihre Geschichte, Wissensch. Buchg. Darmstadt 1974

Hommel, H., Art. „Rhetorik" in: Lexikon der Alten Welt, Zürich und Stuttgart 1965, col. 261ff. = dtv-Lexikon der Antike I (Literatur), Bd. 4, München 1970, S. 127ff.

II. Zum attischen Gerichtswesen

Kocks, W., Einleitung zu Ausgewählte Reden des Lysias, 2. umgearb. Aufl. von R. Schnee, Gotha 1898, S. 4ff.

Lipsius, J. H., Das attische Recht und Rechtsverfahren, 3 Bde., Leipzig 1905-15

Wolff, H. J., Art. „Recht. I. Griechisches Recht" in: Lexikon der Alten Welt, Zürich und Stuttgart 1965, col. 2516ff. = dtv-Lexikon der Antike I (Literatur), Bd. 4, München 1970, S. 68ff.

III. Zu Lysias

Anastassiou, A. u. Irmer, D. (Hrsg.), Kleinere attische Redner, Darmstadt 1977 (WBG, Wege der Forschung, Bd. 127), darin zu Lysias S. 111-287; siehe besonders:

Heitsch, E., Recht und Taktik in der 7. Rede des Lysias, S. 194ff.,

Usher, S., Die individuelle Charakterdarstellung bei Lysias, S. 218ff.,

Seager, R., Lysias gegen die Getreidehändler, S. 242ff.,

Schindel, U., Untersuchungen zur Biographie des Redners Lysias, S. 264ff.

Blass, Fr., Die attische Beredsamkeit, 1. Abt., Leipzig 1887^2, S. 339ff.

Ferckel, Fr., Lysias und Athen (Des Redners politische Stellung zum Gaststaat), Diss. Würzburg 1937

Gärtner, H., Art. „Lysias" Nr. 6 in: Der Kleine Pauly, Bd. III, München 1969, col. 834ff.

Kuhn, J. H., Art. „Lysias" in: Lexikon der Alten Welt, Zürich und Stuttgart 1965, col. 1799f. = dtv-Lexikon der Antike I (Literatur), Bd. 3, München 1970^2, S. 110ff.

Lesky, A., Geschichte der Griechischen Literatur, Bern und München 1963, S. 639ff.

Plöbst, Art. „Lysias" Nr. 13 in: RE XIII 2, 1927, col. 2533ff.

Paoli, U. E., Die Gattin des Euphiletos in: Die Geschichte der Neaira, Bern 1953, S. 28ff. (Zu Rede I).

1. Die Rede gegen Eratosthenes (XII)

Der gewaltsame Tod des Polemarchos (vgl. Einltg. II, 1. S. 7) hatte Lysias die Verpflichtung auferlegt, an dem Manne, der nach damaliger Auffassung als Mörder seines Bruders galt, bei der ersten sich bietenden Gelegenheit Wiedervergeltung zu üben. Dieser durch Religion und Gesetz geheiligten Pflicht hat er sich in der Rede gegen Eratosthenes, der ersten eigentlichen Gerichtsrede, die er verfaßt, und der einzigen, die er in persönlicher Angelegenheit gesprochen hat, nach besten Kräften entledigt.

Um aber die Rede im einzelnen zu verstehen und im ganzen richtig zu würdigen, bedarf es der Kenntnis folgender Tatsachen.

Eratosthenes war stets für die Sache der Oligarchie eingetreten. Schon zur Zeit der Vierhundert hatte er als Taxiarch im Hellespont den Versuch gemacht, das Heer für die Verfassungsänderung zu gewinnen, war aber, da ihm dies nicht gelang, heimlich von seinem Schiff entwichen (42). Nach der Schlacht von Aigospotamoi war er einer der Ephoren gewesen (43, 44, vgl. auch Überblick S. 21) und bei dem Sturze der Demokratie in die Dreißigerkommission berufen worden (48). Eine führende Rolle hatte er indes nie gespielt. Als Mitglied der Regierung hatte er sich der gemäßigten Partei des Theramenes angeschlossen und an den Freveln der „Dreißig" sich nur widerstrebend und gezwungen beteiligt. Daher war er auch nach dem Sturz der Gewaltherrschaft nicht mit den übrigen Tyrannen nach Eleusis entflohen, sondern mit seinem Gesinnungsgenossen Pheidon in der Stadt zurückgeblieben. Da er immerhin Grund hatte, die Rache der geschädigten Demokraten zu fürchten, machte er gleich nach Wiederherstellung geordneter Verhältnisse von der Bestimmung des Amnestiegesetzes Gebrauch, welche auch den Behörden der Konfliktszeit Straflosigkeit (ἄδεια) zusicherte, wenn sie Rechenschaft ablegten (vgl. Überblick S. 24). Bei diesem Verfahren konnte jeder Athener gegen ihn Beschwerde erheben, und so fand auch Lysias, der sofort nach dem Friedensschluß nach Athen zurückgekehrt war, erwünschte Gelegenheit, ihn wegen der Tötung seines Bruders zur Verantwortung zu ziehen. Er verklagte ihn auf **vorsätzlichen Mord** (φόνος ἑκούσιος, vgl. 23). Dazu war er zweifellos berechtigt, denn nach der Bestimmung des attischen Strafgesetzes galt nicht nur der eigentliche Täter (αὐτόχειρ), sondern auch der Urheber (βουλεύσας) als Mörder, und die Urheberschaft konnte der Beklagte nicht in Abrede stellen.

Im übrigen aber hatte der Kläger einen schweren Stand. Eratosthenes hatte geltend gemacht, daß er nur mit Widerwillen und aus Furcht vor seinen Amtsgenossen den Auftrag gegen Polemarchos ausgeführt habe, und berief sich zum Beweise dafür auf seine Zugehörigkeit zur Partei des Theramenes, dessen Tod (vgl. Überblick S. 23) selbst manche Demokraten wieder versöhnlich gestimmt hatte. Diese Behauptung war schwer zu widerlegen, denn die wenigen Belastungszeugen, die der Kläger zu stellen vermochte, gehörten der Partei des Beklagten an und hüteten sich vor bloßstellenden Aussagen, wohl aber waren einflußreiche Männer bereit, die maßvolle Haltung des Eratosthenes zu bezeugen. – Auch die Zusammensetzung des Gerichtshofes war für den Beklagten sehr günstig; die Richter waren nämlich nach der Vorschrift des Amnestiegesetzes aus den besitzenden Klassen (τιμήματα παρεχόμενοι) genommen, unter diesen aber hatte Eratosthenes viele Freunde und Parteigenossen, und auch die Richter von der Piräuspartei waren des Blutvergießens müde. Es war daher kaum anzunehmen, daß sie einem Isotelen zuliebe den eben erst geschlossenen Frieden durch neue Gewalttaten stören würden.

Mit der Mordanklage allein war also nicht viel zu machen. Wollte Lysias wirklich etwas erreichen, so konnte dies nur durch einen **Appell an die politischen Leidenschaften** geschehen; er mußte nachweisen, daß der Mord an Polemarchos nur ein Glied in der langen Kette der Frevel gegen das Volk bedeute, vor allem aber mußte er den Nimbus zerstören, der sich nach den letzten Gewalttaten der „Dreißig" um das Haupt des Theramenes gewoben hatte. Mit kluger Berechnung richtete er daher seine Klage nicht gegen Eratosthenes allein, sondern **gegen seine sämtlichen Parteigenossen**, besonders aber **gegen die oligarchische Regierung**, für deren Taten der Angeklagte ja mitverantwortlich war. So wurde es ihm möglich, das Schreckensregiment der Oligarchen, vor allem aber das verräterische Treiben des Theramenes einer vernichtenden Kritik zu unterziehen und durch die eindringliche Schilderung ihrer schändlichen Freveltaten in den Richtern die Erinnerung an die erlittenen Unbilden wachzurufen und sie zur Rache anzustacheln.

Über den **Erfolg der Rede** ist nichts bekannt; wir dürfen aber mit ziemlicher Gewißheit annehmen, daß Lysias die Verurteilung des Eratosthenes nicht erreicht hat. Durch die Verallgemeinerung der Anklage war nämlich die Rede zu einer politischen Kundgebung von weittragendster Bedeutung geworden. Fiel Eratosthenes, so war auch für sämliche Miglieder der oligarchischen

Partei das Urteil gesprochen. Damit hätte aber das Amnestiegesetz seine Bedeutung vollständig verloren, und dem wildesten Parteigetriebe wäre von neuem Tür und Tor geöffnet worden. Die Richter von der städtischen Partei konnten daher unter keinen Umständen ihre Stimmen gegen den Beklagten abgeben, und auch die demokratischen Mitglieder des Gerichtshofes werden sich die Konsequenzen einer Verurteilung klar gemacht haben. Wahrscheinlich ist Eratosthenes nicht einmal zu einer Geldstrafe verurteilt worden.

Nach dem Gesagten verfolgt die Rede in letzter Linie politische Ziele. Als Lysias die Mordklage erhob, war es ihm nicht allein um die Verurteilung des Eratosthenes zu tun: es sollte allen Oligarchen durch die Verurteilung des einen der Schutz der Verträge entzogen und so ihnen ein für allemal die Möglichkeit zu neuen Umsturzversuchen genommen werden. Nicht mit Unrecht hat man daher in der Rede den ersten Vorstoß der radikalen Demokratie gegen das Amnestiegesetz erblickt. Für ihre politische Tendenz spricht auch der Umstand, daß ihr schon in den pseudoplutarchischen Biographien der zehn Redner der Titel κατὰ τῶν τριάκοντα beigelegt wird.

Die Zeit des Prozesses läßt sich nicht genau bestimmen. Aber aus der anschaulichen und lebenswahren Schilderung der Tatsachen gewinnen wir den Eindruck, daß der Redner über Ereignisse der jüngsten Vergangenheit spricht. Demnach dürfte die Rede bald nach dem Friedensschluß, also im Herbst 403, gehalten sein. Zu dieser Vermutung sind wir um so mehr berechtigt, als es ja auch im Interesse des Eratosthenes lag, die Rechenschaftsablage zu beschleunigen und so über sein künftiges Schicksal ins klare zu kommen.

Auch über das Prozeßverfahren sind verbürgte Nachrichten nicht auf uns gekommen. Unter normalen Umständen wäre die Klage bei den εὔθυνοι eingereicht und von diesen über die Thesmotheten weitergeleitet worden (vgl. o. S. 18 εὐθύνη). Ob aber zur Zeit des Prozesses die Verhältnisse schon soweit wieder geordnet waren, daß dieser Weg eingeschlagen werden konnte, läßt sich nicht ermitteln.

1. (XII)

ΚΑΤΑ ΕΡΑΤΟΣΘΕΝΟΥΣ ΤΟΥ ΓΕΝΟΜΕΝΟΥ ΤΩΝ ΤΡΙΑΚΟΝΤΑ, ΟΝ ΑΥΤΟΣ ΕΙΠΕ ΛΥΣΙΑΣ

1 Οὐκ ἄρξασθαί μοι δοκεῖ ἄπορον εἶναι, ὦ ἄνδρες δικασταί, τῆς κατηγορίας, ἀλλὰ παύσασθαι λέγοντι· τοιαῦτα αὐτοῖς τὸ μέγεθος καὶ τοσαῦτα τὸ πλῆθος εἴργασται, ὥστε μήτ' ἂν ψευδόμενον δεινότερα τῶν ὑπαρχόντων κατηγορῆσαι, μήτε τἀληθῆ βουλόμενον εἰπεῖν ἅπαντα δύνασθαι, ἀλλ' ἀνάγκη ἢ τὸν κατήγο-
2 ρον ἀπειπεῖν ἢ τὸν χρόνον ἐπιλιπεῖν. Τοὐναντίον δέ μοι δοκοῦμεν πείσεσθαι ἢ ἐν τῷ πρὸ τοῦ χρόνῳ. Πρότερον μὲν γὰρ ἔδει τὴν ἔχθραν τοὺς κατηγοροῦντας ἐπιδεῖξαι, ἥτις εἴη πρὸς τοὺς φεύγοντας· νυνὶ δὲ παρὰ τῶν φευγόντων χρὴ πυνθάνεσθαι, ἥτις ἦν αὐτοῖς πρὸς τὴν πόλιν ἔχθρα, ἀνθ' ὅτου τοιαῦτα

ἐτόλμησαν εἰς αὐτὴν ἐξαμαρτάνειν. Οὐ μέντοι ὡς
οὐκ ἔχων οἰκείας ἔχθρας καὶ συμφορὰς τοὺς λόγους
ποιοῦμαι, ἀλλ' ὡς ἅπασι πολλῆς ἀφθονίας οὔσης
ὑπὲρ τῶν ἰδίων ἢ ὑπὲρ τῶν δημοσίων ὀργίζεσθαι.
Ἐγὼ μὲν οὖν, ὦ ἄνδρες δικασταί, οὔτ' ἐμαυτοῦ πώποτε 3
οὔτε ἀλλότρια πράγματα πράξας νῦν ἠνάγκασμαι
ὑπὸ τῶν γεγενημένων τούτου κατηγορεῖν, ὥστε
πολλάκις εἰς πολλὴν ἀθυμίαν κατέστην, μὴ διὰ τὴν
ἀπειρίαν ἀναξίως καὶ ἀδυνάτως ὑπὲρ τοῦ ἀδελφοῦ
καὶ ἐμαυτοῦ τὴν κατηγορίαν ποιήσομαι· ὅμως δὲ
πειράσομαι ὑμᾶς ἐξ ἀρχῆς ὡς ἂν δύνωμαι δι' ἐλαχίσ-
των διδάξαι.

Οὑμὸς πατὴρ Κέφαλος ἐπείσθη μὲν ὑπὸ Περι- 4
κλέους εἰς ταύτην τὴν γῆν ἀφικέσθαι, ἔτη δὲ τριά-
κοντα ᾤκησε, καὶ οὐδενὶ πώποτε οὔτε ἡμεῖς οὔτε
ἐκεῖνος δίκην οὔτε ἐδικασάμεθα οὔτε ἐφύγομεν,
ἀλλ' οὕτως ᾠκοῦμεν δημοκρατούμενοι, ὥστε μήτε
εἰς τοὺς ἄλλους ἐξαμαρτάνειν μήτε ὑπὸ τῶν ἄλλων
ἀδικεῖσθαι. Ἐπειδὴ δ' οἱ τριάκοντα πονηροὶ καὶ συ- 5
κοφάνται ὄντες εἰς τὴν ἀρχὴν κατέστησαν, φάσκον-
τες χρῆναι τῶν ἀδίκων καθαρὰν ποιῆσαι τὴν πόλιν
καὶ τοὺς λοιποὺς πολίτας ἐπ' ἀρετὴν καὶ δικαιοσύνην
τραπέσθαι, τοιαῦτα λέγοντες οὐ τοιαῦτα ποιεῖν ἐτόλ-
μων, ὡς ἐγὼ περὶ τῶν ἐμαυτοῦ πρῶτον εἰπὼν καὶ
περὶ τῶν ὑμετέρων ἀναμνῆσαι πειράσομαι. Θέογνις 6
γὰρ καὶ Πείσων ἔλεγον ἐν τοῖς τριάκοντα περὶ τῶν

μετοίκων, ὡς εἶέν τινες τῇ πολιτείᾳ ἀχθόμενοι· καλλίστην οὖν εἶναι πρόφασιν τιμωρεῖσθαι μὲν δοκεῖν, τῷ δ' ἔργῳ χρηματίζεσθαι· πάντως δὲ τὴν μὲν πόλιν
7 πένεσθαι, τὴν δ' ἀρχὴν δεῖσθαι χρημάτων. Καὶ τοὺς ἀκούοντας οὐ χαλεπῶς ἔπειθον· ἀποκτιννύναι μὲν γὰρ ἀνθρώπους περὶ οὐδενὸς ἡγοῦντο, λαμβάνειν δὲ χρήματα περὶ πολλοῦ ἐποιοῦντο. Ἔδοξεν οὖν αὐτοῖς δέκα συλλαβεῖν, τούτων δὲ δύο πένητας, ἵνα αὐτοῖς ᾖ πρὸς τοὺς ἄλλους ἀπολογία, ὡς οὐ χρημάτων ἕνεκα ταῦτα πέπρακται, ἀλλὰ συμφέροντα τῇ πολιτείᾳ γεγένηται, ὥσπερ τι τῶν ἄλλων εὐλόγως πεποιη-
8 κότες. Διαλαβόντες δὲ τὰς οἰκίας ἐβάδιζον· καὶ ἐμὲ μὲν ξένους ἑστιῶντα κατέλαβον, οὓς ἐξελάσαντες Πείσωνί με παραδιδόασιν· οἱ δὲ ἄλλοι εἰς τὸ ἐργαστήριον ἐλθόντες τὰ ἀνδράποδα ἀπεγράφοντο. Ἐγὼ δὲ Πείσωνα μὲν ἠρώτων, εἰ βούλοιτό με σῶσαι χρήματα λαβών· ὁ δ' ἔφασκεν, εἰ πολλὰ εἴη.
9 Εἶπον οὖν ὅτι τάλαντον ἀργυρίου ἕτοιμος εἴην δοῦναι· ὁ δ' ὡμολόγησε ταῦτα ποιήσειν. Ἠπιστάμην μὲν οὖν ὅτι οὔτε θεοὺς οὔτ' ἀνθρώπους νομίζει, ὅμως δ' ἐκ τῶν παρόντων ἐδόκει μοι ἀναγκαιότατον
10 εἶναι πίστιν παρ' αὐτοῦ λαβεῖν. Ἐπειδὴ δὲ ὤμοσεν ἐξώλειαν ἑαυτῷ καὶ τοῖς παισὶν ἐπαρώμενος, λαβὼν τὸ τάλαντόν με σώσειν, εἰσελθὼν εἰς τὸ δωμάτιον τὴν κιβωτὸν ἀνοίγνυμι· Πείσων δ' αἰσθόμενος εἰσέρχεται, καὶ ἰδὼν τὰ ἐνόντα καλεῖ τῶν

ὑπηρετῶν δύο καὶ τὰ ἐν τῇ κιβωτῷ λαβεῖν ἐκέλευ-
σεν. Ἐπεὶ δ' οὐχ ὅσον ὡμολόγητο εἶχεν, ὦ ἄνδρες 11
δικασταί, ἀλλὰ τρία τάλαντα ἀργυρίου καὶ τετρα-
κοσίους κυζικηνοὺς καὶ ἑκατὸν δαρεικοὺς καὶ φιά-
λας ἀργυρᾶς τέτταρας, ἐδεόμην αὐτοῦ ἐφόδιά μοι
δοῦναι· ὁ δ' ἀγαπήσειν με ἔφασκεν, εἰ τὸ σῶμα
σώσω. Ἐξιοῦσι δ' ἐμοὶ καὶ Πείσωνι ἐπιτυγχάνει 12
Μηλόβιός τε καὶ Μνησιθείδης ἐκ τοῦ ἐργαστηρίου
ἀπιόντες, καὶ καταλαμβάνουσι πρὸς αὐταῖς ταῖς
θύραις, καὶ ἐρωτῶσιν ὅποι βαδίζοιμεν· ὁ δ' ἔφασκεν
εἰς τὰ τοῦ ἀδελφοῦ τοῦ ἐμοῦ, ἵνα καὶ τὰ ἐν ἐκείνῃ τῇ
οἰκίᾳ σκέψηται. Ἐκεῖνον μὲν οὖν ἐκέλευον βαδίζειν,
ἐμὲ δὲ μεθ' αὑτῶν ἀκολουθεῖν εἰς Δαμνίππου.
Πείσων δὲ προσελθὼν σιγᾶν μοι παρεκελεύετο καὶ 13
θαρρεῖν, ὡς ἥξων ἐκεῖσε. Καταλαμβάνομεν δὲ αὐτό-
θι Θέογνιν ἑτέρους φυλάττοντα· ᾧ παραδόντες ἐμὲ
πάλιν ᾤχοντο. Ἐν τοιούτῳ δ' ὄντι μοι κινδυνεύειν
ἐδόκει, ὡς τοῦ γε ἀποθανεῖν ὑπάρχοντος ἤδη.
Καλέσας δὲ Δάμνιππον λέγω πρὸς αὐτὸν τάδε· 14
„Ἐπιτήδειος μέν μοι τυγχάνεις ὤν, ἥκω δ' εἰς τὴν
σὴν οἰκίαν, ἀδικῶ δ' οὐδέν, χρημάτων δ' ἕνεκα ἀπόλ-
λυμαι. Σὺ οὖν ταῦτα πάσχοντί μοι πρόθυμον παρά-
σχου τὴν σεαυτοῦ δύναμιν εἰς τὴν ἐμὴν σωτηρίαν."
Ὁ δ' ὑπέσχετο ταῦτα ποιήσειν. Ἐδόκει δ' αὐτῷ
βέλτιον εἶναι πρὸς Θέογνιν μνησθῆναι· ἡγεῖτο γὰρ
ἅπαν ποιήσειν αὐτόν, εἴ τις ἀργύριον διδοίη. Ἐκεί- 15

νου δὲ διαλεγομένου Θεόγνιδι (ἔμπειρος γὰρ ὢν
ἐτύγχανον τῆς οἰκίας καὶ ἤδη ὅτι ἀμφίθυρος εἴη)
ἐδόκει μοι ταύτῃ πειρᾶσθαι σωθῆναι, ἐνθυμουμένῳ
ὅτι, ἐὰν μὲν λάθω, σωθήσομαι, ἐὰν δὲ ληφθῶ, ἡγού-
μην μέν, εἰ Θέογνις εἴη πεπεισμένος ὑπὸ τοῦ Δαμνίπ-
που χρήματα λαβεῖν, οὐδὲν ἧττον ἀφεθήσεσθαι, εἰ
16 δὲ μή, ὁμοίως ἀποθανεῖσθαι. Ταῦτα διανοηθεὶς
ἔφευγον, ἐκείνων ἐπὶ τῇ αὐλείῳ θύρᾳ τὴν φυλακὴν
ποιουμένων· τριῶν δὲ θυρῶν οὐσῶν, ἃς ἔδει με διελ-
θεῖν, ἅπασαι ἀνεῳγμέναι ἔτυχον. Ἀφικόμενος δὲ
εἰς Ἀρχένεω τοῦ ναυκλήρου ἐκεῖνον πέμπω εἰς
ἄστυ, πευσόμενον περὶ τοῦ ἀδελφοῦ· ἥκων δὲ ἔλεγεν,
ὅτι Ἐρατοσθένης αὐτὸν ἐν τῇ ὁδῷ λαβὼν εἰς τὸ δε-
17 σμωτήριον ἀπαγάγοι. Καὶ ἐγὼ τοιαῦτα πεπυσμένος
τῆς ἐπιούσης νυκτὸς διέπλευσα Μέγαράδε. Πολε-
μάρχῳ δὲ παρήγγειλαν οἱ τριάκοντα τοὐπ᾽ ἐκείνων
εἰθισμένον παράγγελμα, πίνειν κώνειον, πρὶν τὴν
αἰτίαν εἰπεῖν δι᾽ ἥντινα ἔμελλεν ἀποθανεῖσθαι·
οὕτω πολλοῦ ἐδέησε κριθῆναι καὶ ἀπολογήσασθαι.
18 Καὶ ἐπειδὴ ἀπεφέρετο ἐκ τοῦ δεσμωτηρίου τεθνεώς,
τριῶν ἡμῖν οἰκιῶν οὐσῶν ἐξ οὐδεμιᾶς εἴασαν ἐξενε-
χθῆναι, ἀλλὰ κλεισίον μισθωσάμενοι προΰθεντο
αὐτόν. Καὶ πολλῶν ὄντων ἱματίων αἰτοῦσιν οὐδὲν
ἔδοσαν εἰς τὴν ταφήν, ἀλλὰ τῶν φίλων ὁ μὲν ἱμά-
τιον, ὁ δὲ προσκεφάλαιον, ὁ δὲ ὅ τι ἕκαστος ἔτυχεν
19 ἔδωκεν εἰς τὴν ἐκείνου ταφήν. Καὶ ἔχοντες μὲν ἐπ-

τακοσίας ἀσπίδας τῶν ἡμετέρων, ἔχοντες δὲ ἀργύ-
ριον καὶ χρυσίον τοσοῦτον, χαλκὸν δὲ καὶ κόσμον
καὶ ἔπιπλα καὶ ἱμάτια γυναικεῖα, ὅσα οὐδεπώποτε
ᾤοντο κτήσεσθαι, καὶ ἀνδράποδα εἴκοσι καὶ ἑκατόν,
ὧν τὰ μὲν βέλτιστα ἔλαβον, τὰ δὲ λοιπὰ εἰς τὸ δημό-
σιον ἀπέδοσαν, εἰς τοσαύτην ἀπληστίαν καὶ αἰσχρο-
κέρδειαν ἀφίκοντο καὶ τοῦ τρόπου τοῦ αὐτῶν ἀπόδει-
ξιν ἐποιήσαντο· τῆς γὰρ Πολεμάρχου γυναικὸς χρυ-
σοῦς ἑλικτῆρας, οὓς ἔχουσα ἐτύγχανεν, ὅτε τὸ πρῶ-
τον ἦλθεν εἰς τὴν οἰκίαν, Μηλόβιος ἐκ τῶν ὤτων
ἐξείλετο. Καὶ οὐδὲ κατὰ τὸ ἐλάχιστον μέρος τῆς 20
οὐσίας ἐλέου παρ' αὐτῶν ἐτυγχάνομεν, ἀλλ' οὕτως εἰς
ἡμᾶς διὰ τὰ χρήματα ἐξημάρτανον, ὥσπερ οὐκ ἂν
ἕτεροι μεγάλων ἀδικημάτων ὀργὴν ἔχοντες, οὐ τού-
των ἀξίους γε ὄντας τῇ πόλει, ἀλλὰ πάσας μὲν τὰς
χορηγίας χορηγήσαντας, πολλὰς δ' εἰσφορὰς εἰσ-
ενεγκόντας, κοσμίους δ' ἡμᾶς αὐτοὺς παρέχοντας
καὶ πᾶν τὸ προσταττόμενον ποιοῦντας, ἐχθρὸν δ'
οὐδένα κεκτημένους, πολλοὺς δ' Ἀθηναίων ἐκ τῶν
πολεμίων λυσαμένους· τοιούτων ἠξίωσαν, οὐχ
ὁμοίως μετοικοῦντας, ὥσπερ αὐτοὶ ἐπολιτεύοντο.
Οὗτοι γὰρ πολλοὺς μὲν τῶν πολιτῶν εἰς τοὺς πολε- 21
μίους ἐξήλασαν, πολλοὺς δ' ἀδίκως ἀποκτείναντες
ἀτάφους ἐποίησαν, πολλοὺς δ' ἐπιτίμους ὄντας ἀτί-
μους κατέστησαν, πολλῶν δὲ θυγατέρας μελλούσας
ἐκδίδοσθαι ἐκώλυσαν.

22 Καὶ εἰς τοσοῦτόν εἰσι τόλμης ἀφιγμένοι, ὥσθ᾽ ἥκουσιν ἀπολογησόμενοι, καὶ λέγουσιν, ὡς οὐδὲν κακὸν οὐδ᾽ αἰσχρὸν εἰργασμένοι εἰσίν. Ἐγὼ δ᾽ ἐβουλόμην ἂν αὐτοὺς ἀληθῆ λέγειν· μετῆν γὰρ ἂν
23 καὶ ἐμοὶ τούτου τἀγαθοῦ οὐκ ἐλάχιστον μέρος. Νῦν δὲ οὔτε πρὸς τὴν πόλιν αὐτοῖς τοιαῦτα ὑπάρχει οὔτε πρὸς ἐμέ· τὸν ἀδελφὸν γάρ μου, ὥσπερ καὶ πρότερον εἶπον, Ἐρατοσθένης ἀπέκτεινεν, οὔτε᾽ αὐτὸς ἰδίᾳ ἀδικούμενος οὔτε εἰς τὴν πόλιν ὁρῶν ἐξαμαρτάνοντα, ἀλλὰ τῇ ἑαυτοῦ παρανομίᾳ προθύμως ἐξυπηρετῶν.
24 Ἀναβιβασάμενος δ᾽ αὐτὸν βούλομαι ἐρέσθαι, ὦ ἄνδρες δικασταί. Τοιαύτην γὰρ γνώμην ἔχω· ἐπὶ μὲν τῇ τούτου ὠφελείᾳ καὶ πρὸς ἕτερον περὶ τούτου διαλέγεσθαι ἀσεβὲς εἶναι νομίζω, ἐπὶ δὲ τῇ τούτου βλάβῃ καὶ πρὸς αὐτὸν τοῦτον ὅσιον καὶ εὐσεβές. Ἀνάβηθι οὖν μοι καὶ ἀπόκριναι, ὅ τι ἄν σε ἐρωτῶ.
25 Ἀπήγαγες Πολέμαρχον ἢ οὔ; ,,Τὰ ὑπὸ τῶν ἀρχόντων προσταχθέντα δεδιὼς ἐποίουν." Ἦσθα δ᾽ ἐν τῷ βουλευτηρίῳ, ὅτε οἱ λόγοι ἐγίγνοντο περὶ ἡμῶν; ,,Ἦν." Πότερον συνηγόρευες τοῖς κελεύουσιν ἀποκτεῖναι ἢ ἀντέλεγες; ,,Ἀντέλεγον." Ἵνα ἀποθάνωμεν ἢ μὴ ἀποθάνωμεν; ,,Ἵνα μὴ ἀποθάνητε." Ἡγούμενος ἡμᾶς ἄδικα πάσχειν ἢ δίκαια; ,,Ἄδικα."
26 Εἶτ᾽, ὦ σχετλιώτατε πάντων, ἀντέλεγες μὲν ἵνα

σώσειας, συνελάμβανες δὲ ἵνα ἀποκτείνῃς; Καὶ ὅτε
μὲν τὸ πλῆθος ἦν ὑμῶν κύριον τῆς σωτηρίας τῆς
ἡμετέρας, ἀντιλέγειν φῇς τοῖς βουλομένοις ἡμᾶς
ἀπολέσαι, ἐπειδὴ δὲ ἐπὶ σοὶ μόνῳ ἐγένετο καὶ σῶσαι
Πολέμαρχον καὶ μή, εἰς τὸ δεσμωτήριον ἀπήγαγες;
Εἶθ' ὅτι μέν, ὡς φῇς, ἀντειπὼν οὐδὲν ὠφέλησας,
ἀξιοῖς χρηστός νομίζεσθαι, ὅτι δὲ συλλαβὼν ἀπέ-
κτεινας, οὐκ οἴει ἐμοὶ καὶ τουτοισὶ δοῦναι δίκην;

Καὶ μὴν οὐδὲ τοῦτο εἰκὸς αὐτῷ πιστεύειν, εἴπερ 27
ἀληθῆ λέγει φάσκων ἀντειπεῖν, ὡς αὐτῷ προσετά-
χθη. Οὐ γὰρ δήπου ἐν τοῖς μετοίκοις πίστιν παρ' αὐ-
τοῦ ἐλάμβανον. Ἔπειτα τῷ ἧττον εἰκὸς ἦν προσταχ-
θῆναι ἢ ὅστις ἀντειπών γε ἐτύγχανε καὶ γνώμην
ἀποδεδειγμένος; Τίνα γὰρ εἰκὸς ἦν ἧττον ταῦτα
ὑπηρετῆσαι ἢ τὸν ἀντειπόντα οἷς ἐκεῖνοι ἐβούλοντο
πραχθῆναι; Ἔτι δὲ τοῖς μὲν ἄλλοις Ἀθηναίοις ἱκα- 28
νή μοι δοκεῖ πρόφασις εἶναι τῶν γεγενημένων εἰς
τοὺς τριάκοντα ἀναφέρειν τὴν αἰτίαν· αὐτοὺς δὲ τοὺς
τριάκοντα, ἐὰν εἰς σφᾶς αὐτοὺς ἀναφέρωσι, πῶς
ὑμᾶς εἰκὸς ἀποδέχεσθαι; Εἰ μὲν γάρ τις ἦν ἐν τῇ πόλει 29
ἀρχὴ ἰσχυροτέρα, ὑφ' ἧς αὐτῷ προσετάττετο παρὰ
τὸ δίκαιον ἀνθρώπους ἀπολλύναι, ἴσως ἂν εἰκότως
αὐτῷ συγγνώμην εἴχετε· νῦν δὲ παρὰ τοῦ ποτε καὶ
λήψεσθε δίκην, εἴπερ ἐξέσται τοῖς τριάκοντα λέ-
γειν, ὅτι τὰ ὑπὸ τῶν τριάκοντα προσταχθέντα ἐποί-
ουν; Καὶ μὲν δὴ οὐκ ἐν τῇ οἰκίᾳ ἀλλ' ἐν τῇ ὁδῷ, 30

σῴζειν τε αὐτὸν καὶ τὰ τούτοις ἐψηφισμένα παρόν, συλλαβὼν ἀπήγαγεν. Ὑμεῖς δὲ πᾶσιν ὀργίζεσθε, ὅσοι εἰς τὰς οἰκίας ἦλθον τὰς ὑμετέρας ζήτησιν
31 ποιούμενοι ἢ ὑμῶν ἢ τῶν ὑμετέρων τινός. Καίτοι εἰ χρὴ τοῖς διὰ τὴν ἑαυτῶν σωτηρίαν ἑτέρους ἀπολέσασι συγγνώμην ἔχειν, ἐκείνοις ἂν δικαιότερον ἔχοιτε· κίνδυνος γὰρ ἦν πεμφθεῖσι μὴ ἐλθεῖν καὶ καταλαβοῦσιν ἐξάρνοις γενέσθαι. Τῷ δὲ Ἐρατοσθένει ἐξῆν εἰπεῖν ὅτι οὐκ ἀπήντησεν, ἔπειτα ὅτι οὐκ εἶδεν· ταῦτα γὰρ οὔτε ἔλεγχον οὔτε βάσανον εἶχεν, ὥστε μηδ' ὑπὸ τῶν ἐχθρῶν βουλομένων οἷόν τε εἶναι
32 ἐξελεγχθῆναι. Χρῆν δέ σε, ὦ Ἐρατόσθενες, εἴπερ ἦσθα χρηστός, πολὺ μᾶλλον τοῖς μέλλουσιν ἀδίκως ἀποθανεῖσθαι μηνυτὴν γενέσθαι ἢ τοὺς ἀδίκως ἀπολουμένους συλλαμβάνειν.

Νῦν δέ σου τὰ ἔργα φανερὰ γεγένηται οὐχ ὡς ἀνιωμένου ἀλλ' ὡς ἡδομένου τοῖς γιγνομένοις,
33 ὥστε τούσδε ἐκ τῶν ἔργων χρὴ μᾶλλον ἢ ἐκ τῶν λόγων τὴν ψῆφον φέρειν, ἃ ἴσασι γεγενημένα τῶν τότε λεγομένων τεκμήρια λαμβάνοντας, ἐπειδὴ μάρτυρας περὶ αὐτῶν οὐχ οἷόν τε παρασχέσθαι. Οὐ γὰρ μόνον ἡμῖν παρεῖναι οὐκ ἐξῆν, ἀλλ' οὐδὲ παρ' αὐτοῖς εἶναι, ὥστ' ἐπὶ τούτοις ἐστὶ πάντα τὰ κακὰ εἰργασμένοις τὴν πόλιν πάντα τἀγαθὰ περὶ αὐτῶν λέγειν.
34 Τοῦτο μέντοι οὐ φεύγω, ἀλλ' ὁμολογῶ σοι, εἰ βούλει, ἀντειπεῖν. Θαυμάζω δὲ τί ἄν ποτ' ἐποίησας συνει-

πών, όπότε άντειπεῖν φάσκων απέκτεινας Πολέ-
μαρχον.

Φέρε δή, τί ἄν, εἰ καὶ ἀδελφοὶ ὄντες ἐτυγχάνετε
αὐτοῦ ἢ καὶ υἱεῖς; Ἀπεψηφίζεσθε ἄν; Δεῖ γάρ, ὦ
ἄνδρες δικασταί, Ἐρατοσθένην δυοῖν θάτερον ἀπο-
δεῖξαι, ἢ ὡς οὐκ ἀπήγαγεν αὐτόν, ἢ ὡς δικαίως τοῦτ'
ἔπραξεν. Οὗτος δ' ὡμολόγηκεν ἀδίκως συλλαβεῖν,
ὥστε ῥαδίαν ὑμῖν τὴν διαψήφισιν περὶ αὐτοῦ πεποίη-
κε. Καὶ μὲν δὴ πολλοὶ καὶ τῶν ἀστῶν καὶ τῶν ξένων 35
ἥκουσιν εἰσόμενοι, τίνα γνώμην περὶ τούτων ἕξετε.
Ὧν οἱ μὲν ὑμέτεροι ὄντες πολῖται μαθόντες ἀπία-
σιν, ὅτι ἢ δίκην δώσουσιν ὧν ἂν ἐξαμάρτωσιν, ἢ
πράξαντες μὲν ὧν ἐφίενται τύραννοι τῆς πόλεως
ἔσονται, δυστυχήσαντες δὲ τὸ ἴσον ὑμῖν ἕξουσιν·
ὅσοι δὲ ξένοι ἐπιδημοῦσιν, εἴσονται πότερον ἀδίκως
τοὺς τριάκοντα ἐκκηρύττουσιν ἐκ τῶν πόλεων ἢ
δικαίως. εἰ γὰρ δὴ αὐτοὶ οἱ κακῶς πεπονθότες λα-
βόντες ἀφήσουσιν, ἦ που σφᾶς γ' αὐτοὺς ἡγήσονται
περιέργους ὑπὲρ ὑμῶν τηρουμένους. Οὐκ οὖν δεινόν, 36
εἰ τοὺς μὲν στρατηγούς, οἳ ἐνίκων ναυμαχοῦντες,
ὅτε διὰ χειμῶνα οὐχ οἷοί τ' ἔφασαν εἶναι τοὺς ἐκ
τῆς θαλάττης ἀνελέσθαι, θανάτῳ ἐζημιώσατε,
ἡγούμενοι χρῆναι τῇ τῶν τεθνεώτων ἀρετῇ παρ'
ἐκείνων δίκην λαβεῖν, τούτους δέ, οἳ ἰδιῶται μὲν
ὄντες καθ' ὅσον ἐδύναντο ἐποίησαν ἡττηθῆναι ναυ-
μαχοῦντας, ἐπειδὴ δε εἰς τὴν ἀρχὴν κατέστησαν,

ὁμολογοῦσιν ἑκόντες πολλοὺς τῶν πολιτῶν ἀκρίτους
ἀποκτιννύναι, οὐκ ἄρα χρὴ αὐτοὺς καὶ τοὺς παῖδας
ὑφ' ὑμῶν ταῖς ἐσχάταις ζημίαις κολάζεσθαι;

37 Ἐγὼ τοίνυν, ὦ ἄνδρες δικασταί, ἠξίουν ἱκανὰ
εἶναι τὰ κατηγορημένα· μέχρι γὰρ τούτου νομίζω
χρῆναι κατηγορεῖν, ἕως ἂν θανάτου δόξῃ τῷ φεύ-
γοντι ἄξια εἰργάσθαι· ταύτην γὰρ ἐσχάτην δίκην
δυνάμεθα παρ' αὐτῶν λαβεῖν. Ὥστ' οὐκ οἶδ' ὅ τι δεῖ
πολλὰ κατηγορεῖν τοιούτων ἀνδρῶν, οἳ οὐδ' ὑπὲρ
ἑνὸς ἑκάστου τῶν πεπραγμένων δὶς ἀποθανόντες
38 δίκην δοῦναι δύναιντ' ἂν ἀξίαν. Οὐ γὰρ δὴ οὐδὲ
τοῦτο αὐτῷ προσήκει ποιῆσαι, ὅπερ ἐν τῇδε τῇ πό-
λει εἰθισμένον ἐστί, πρὸς μὲν τὰ κατηγορημένα μη-
δὲν ἀπολογεῖσθαι, περὶ δὲ σφῶν αὐτῶν ἕτερα λέγον-
τες ἐνίοτε ἐξαπατῶσιν, ὑμῖν ἀποδεικνύντες ὡς
στρατιῶται ἀγαθοί εἰσιν, ἢ ὡς πολλὰς τῶν πολε-
μίων ναῦς ἔλαβον τριηραρχήσαντες ἢ πόλεις πολε-
39 μίας οὔσας φίλας ἐποίησαν· ἐπεὶ κελεύετε αὐτὸν ἀπο-
δεῖξαι, ὅπου τοσούτους τῶν πολεμίων ἀπέκτειναν
ὅσους τῶν πολιτῶν, ἢ ναῦς ὅπου τοσαύτας ἔλαβον
ὅσας αὐτοὶ παρέδοσαν, ἢ πόλιν ἥντινα τοιαύτην
προσεκτήσαντο, οἵαν τὴν ὑμετέραν κατεδουλώσαντο.
40 Ἀλλὰ γὰρ ὅπλα τῶν πολεμίων τοσαῦτα ἐσκύλευσαν
ὅσα περ ὑμῶν ἀφείλοντο, ἀλλὰ τείχη τοιαῦτα εἷλον
οἷα τῆς ἑαυτῶν πατρίδος κατέσκαψαν· οἵτινες καὶ
τὰ περὶ τὴν Ἀττικὴν φρούρια καθεῖλον καὶ ὑμῖν

ἐδήλωσαν, ὅτι οὐδὲ τὸν Πειραιᾶ Λακεδαιμονίων προσταττόντων περιεῖλον, ἀλλ' ὅτι ἑαυτοῖς τὴν ἀρχὴν οὕτω βεβαιοτέραν ἐνόμιζον εἶναι.

Πολλάκις οὖν ἐθαύμασα τῆς τόλμης τῶν λεγόντων ὑπὲρ αὐτοῦ, πλὴν ὅταν ἐνθυμηθῶ, ὅτι τῶν αὐτῶν ἐστιν αὐτούς τε πάντα τὰ κακὰ ἐργάζεσθαι καὶ τοὺς τοιούτους ἐπαινεῖν. Οὐ γὰρ νῦν πρῶτον τῷ ὑμετέρῳ πλήθει τὰ ἐναντία ἔπραξεν, ἀλλὰ καὶ ἐπὶ τῶν τετρακοσίων ἐν τῷ στρατοπέδῳ ὀλιγαρχίαν καθιστὰς ἔφευγεν ἐξ Ἑλλησπόντου τριήραρχος καταλιπὼν τὴν ναῦν, μετὰ Ἰατροκλέους καὶ ἑτέρων, ὧν τὰ ὀνόματα οὐδὲν δέομαι λέγειν. Ἀφικόμενος δὲ δεῦρο τἀναντία τοῖς βουλομένοις δημοκρατίαν εἶναι ἔπραττε. Καὶ τούτων μάρτυρας ὑμῖν παρέξομαι.

ΜΑΡΤΥΡΕΣ

Τὸν μὲν τοίνυν μεταξὺ βίον αὐτοῦ παρήσω· ἐπειδὴ δὲ ἡ ναυμαχία καὶ ἡ συμφορὰ τῇ πόλει ἐγένετο, δημοκρατίας ἔτι οὔσης, ὅθεν τῆς στάσεως ἦρξαν, πέντε ἄνδρες ἔφοροι κατέστησαν ὑπὸ τῶν καλουμένων ἑταίρων, συναγωγεῖς μὲν τῶν πολιτῶν, ἄρχοντες δὲ τῶν συνωμοτῶν, ἐναντία δὲ τῷ ὑμετέρῳ πλήθει πράττοντες· ὧν Ἐρατοσθένης καὶ Κριτίας ἦσαν. Οὗτοι δὲ φυλάρχους τε ἐπὶ τὰς φυλὰς κατέστησαν, καὶ ὅ τι δέοι χειροτονεῖσθαι καὶ οὕστινας χρείη ἄρχειν παρήγγελλον, καὶ εἴ τι ἄλλο πράττειν βούλοιντο κύριοι ἦσαν· οὕτως οὐχ ὑπὸ τῶν πολεμίων μόνον ἀλλὰ καὶ ὑπὸ τούτων πολιτῶν ὄντων ἐπεβουλεύεσθε, ὅπως μήτ' ἀγαθὸν μηδὲν ψηφιεῖσθε πολλῶν τε ἐνδεεῖς ἔσεσθε. Τοῦτο γὰρ καλῶς ἠπίσταντο, ὅτι ἄλλως μὲν οὐχ οἷοί τε ἔσονται περιγενέσθαι, κακῶς δὲ πραττόντων δυνήσονται· καὶ ὑμᾶς ἡγοῦντο τῶν παρόντων κακῶν ἐπιθυμοῦντας ἀπαλλαγῆναι περὶ τῶν μελλόντων οὐκ ἐνθυμήσεσθαι. Ὡς τοίνυν τῶν ἐφόρων ἐγένετο, μάρτυρας ὑμῖν παρέξομαι, οὐ τοὺς τότε συμπράττοντας (οὐ γὰρ ἂν δυναίμην), ἀλλὰ τοὺς αὐτοῦ Ἐρατοσθένους ἀκούσαντας. Καίτοι εἰ ἐσωφρόνουν, κατεμαρτύρουν ἂν αὐτῶν, καὶ τοὺς διδασκάλους τῶν σφετέρων ἁμαρτημάτων σφόδρ' ἂν ἐκόλαζον, καὶ τοὺς ὅρκους, εἰ ἐσωφρόνουν, οὐκ ἂν ἐπὶ μὲν τοῖς τῶν πολιτῶν κακοῖς πιστοὺς ἐνόμιζον, ἐπὶ δὲ τοῖς τῆς πόλεως ἀγαθοῖς ῥᾳδίως παρέβαινον. Πρὸς μὲν οὖν τούτους τοσαῦτα λέγω, τοὺς δὲ μάρτυράς μοι κάλει. Καὶ ὑμεῖς ἀνάβητε.

ΜΑΡΤΥΡΕΣ

Τῶν μὲν μαρτύρων ἀκηκόατε. Τὸ δὲ τελευταῖον εἰς τὴν ἀρχὴν καταστὰς ἀγαθοῦ μὲν οὐδενὸς μετέσχεν, ἄλλων δὲ πολλῶν. Καίτοι εἴπερ ἦν ἀνὴρ ἀγαθός, ἐχρῆν αὐτὸν πρῶτον μὲν μὴ παρανόμως

ἄρχειν, ἔπειτα τῇ βουλῇ μηνυτὴν γίγνεσθαι περὶ
τῶν εἰσαγγελιῶν ἁπασῶν, ὅτι ψευδεῖς εἶεν, καὶ Βά-
τραχος καὶ Αἰσχυλίδης οὐ τἀληθῆ μηνύουσιν, ἀλλὰ
τὰ ὑπὸ τῶν τριάκοντα πλασθέντα εἰσαγγέλλουσι,
συγκείμενα ἐπὶ τῇ τῶν πολιτῶν βλάβῃ. Καὶ μὲν δή, 49
ὦ ἄνδρες δικασταί, ὅσοι κακόνοι ἦσαν τῷ ὑμε-
τέρῳ πλήθει, οὐδὲν ἔλαττον εἶχον σιωπῶντες·
ἕτεροι γὰρ ἦσαν οἱ λέγοντες καὶ πράττοντες ὧν οὐχ
οἷόν τ' ἦν μείζω κακὰ γενέσθαι τῇ πόλει. Ὁπόσοι
δ' εὖνοί φασιν εἶναι, πῶς οὐκ ἐνταῦθα ἔδειξαν, αὐ-
τοί τε τὰ βέλτιστα λέγοντες καὶ τοὺς ἐξαμαρτάνον-
τας ἀποτρέποντες;

Ἴσως δ' ἂν ἔχοι εἰπεῖν ὅτι ἐδεδοίκει, καὶ ὑμῶν 50
τοῦτο ἐνίοις ἱκανὸν ἔσται. Ὅπως τοίνυν μὴ φανή-
σεται ἔν τῳ λόγῳ τοῖς τριάκοντα ἐναντιούμενος· εἰ
δὲ μή, ἐνταυθοῖ δῆλος ἔσται ὅτι ἐκεῖνά τε αὐτῷ
ἤρεσκε καὶ τοσοῦτον ἐδύνατο, ὥστε ἐναντιούμενος
μηδὲν κακὸν παθεῖν ὑπ' αὐτῶν. Χρῆν δ' αὐτὸν ὑπὲρ
τῆς ὑμετέρας σωτηρίας ταύτην τὴν προθυμίαν ἔχειν,
ἀλλὰ μὴ ὑπὲρ Θηραμένους, ὃς εἰς ὑμᾶς πολλὰ ἐξ-
ήμαρτεν. Ἀλλ' οὗτος τὴν μὲν πόλιν ἐχθρὰν ἐνόμιζεν 51
εἶναι, τοὺς δ' ὑμετέρους ἐχθροὺς φίλους, ὡς ἀμφό-
τερα ταῦτα ἐγὼ πολλοῖς τεκμηρίοις παραστήσω, καὶ
τὰς πρὸς ἀλλήλους διαφορὰς οὐχ ὑπὲρ ὑμῶν ἀλλ' ὑπὲρ
ἑαυτῶν γιγνομένας, ὁπότεροι τὰ πράγματα πράξου-
σι καὶ τῆς πόλεως ἄρξουσιν. Εἰ γὰρ ὑπὲρ τῶν ἀδι- 52

κουμένων ἐστασίαζον, ποῦ κάλλιον ἦν ἀνδρὶ ἄρχοντι ἢ Θρασυβούλου Φυλὴν κατειληφότος, τότε ἐπιδείξασθαι τὴν αὑτοῦ εὔνοιαν; Ὁ δ᾽ ἀντὶ τοῦ ἐπαγγείλασθαί τι ἢ πρᾶξαι ἀγαθὸν πρὸς τοὺς ἐπὶ Φυλῇ, ἐλθὼν μετὰ τῶν συναρχόντων εἰς Σαλαμῖνα καὶ Ἐλευσῖνάδε τριακοσίους τῶν πολιτῶν ἀπήγαγεν εἰς τὸ δεσμωτήριον καὶ μιᾷ ψήφῳ αὐτῶν ἁπάντων θάνατον κατεψηφίσατο.

53 Ἐπειδὴ δὲ εἰς τὸν Πειραιᾶ ἤλθομεν καὶ αἱ ταραχαὶ γεγενημέναι ἦσαν καὶ περὶ τῶν διαλλαγῶν οἱ λόγοι ἐγίγνοντο, πολλὰς ἑκάτεροι ἐλπίδας εἴχομεν πρὸς ἀλλήλους ἔσεσθαι, ὡς ἀμφότεροι ἐδείξαμεν. Οἱ μὲν γὰρ ἐκ Πειραιῶς κρείττους ὄντες εἴασαν
54 αὐτοὺς ἀπελθεῖν· οἱ δὲ εἰς τὸ ἄστυ ἐλθόντες τοὺς μὲν τριάκοντα ἐξέβαλον πλὴν Φείδωνος καὶ Ἐρατοσθένους, ἄρχοντας δὲ τοὺς ἐκείνοις ἐχθίστους εἵλοντο, ἡγούμενοι δικαίως ἂν ὑπὸ τῶν αὐτῶν τούς τε τριάκοντα μισεῖσθαι καὶ τοὺς ἐν Πειραιεῖ φιλεῖσθαι.
55 Τούτων τοίνυν Φείδων γενόμενος καὶ Ἱπποκλῆς καὶ Ἐπιχάρης ὁ Λαμπτρεὺς καὶ ἕτεροι οἱ δοκοῦντες εἶναι ἐναντιώτατοι Χαρικλεῖ καὶ Κριτίᾳ καὶ τῇ ἐκείνων ἑταιρείᾳ, ἐπειδὴ αὐτοὶ εἰς τὴν ἀρχὴν κατέστησαν, πολὺ μείζω στάσιν καὶ πόλεμον ἐπὶ τοὺς ἐν
56 Πειραιεῖ τοῖς ἐξ ἄστεως ἐποίησαν· ᾧ καὶ φανερῶς ἐπεδείξαντο, ὅτι οὐχ ὑπὲρ τῶν ἐν Πειραιεῖ οὐδ᾽ ὑπὲρ τῶν ἀδίκως ἀπολλυμένων ἐστασίαζον, οὐδ᾽ οἱ τε-

θνεῶτες αὐτοὺς ἐλύπουν οὐδ' οἱ μέλλοντες ἀποθανεῖσθαι, ἀλλ' οἱ μεῖζον δυνάμενοι καὶ θᾶττον πλουτοῦντες. Λαβόντες γὰρ τὰς ἀρχὰς καὶ τὴν πόλιν 57 ἀμφοτέροις ἐπολέμουν, τοῖς τε τριάκοντα πάντα κακὰ εἰργασμένοις καὶ ὑμῖν πάντα κακὰ πεπονθόσι. Καίτοι τοῦτο πᾶσι δῆλον ἦν, ὅτι εἰ μὲν ἐκεῖνοι δικαίως ἔφευγον, ὑμεῖς ἀδίκως, εἰ δ' ὑμεῖς δικαίως, οἱ τριάκοντα ἀδίκως· οὐ γὰρ δὴ ἑτέρων ἔργων αἰτίαν λαβόντες ἐκ τῆς πόλεως ἐξέπεσον, ἀλλὰ τούτων. Ὥστε σφόδρα χρὴ ὀργίζεσθαι, ὅτι Φείδων αἱρεθεὶς 58 ὑμᾶς διαλλάξαι καὶ κταγαγεῖν τῶν αὐτῶν ἔργων Ἐρατοσθένει μετεῖχε καὶ τῇ αὐτῇ γνώμῃ τοὺς μὲν κρείττους αὐτῶν δι' ὑμᾶς κακῶς ποιεῖν ἕτοιμος ἦν, ὑμῖν δὲ ἀδίκως φεύγουσιν οὐκ ἠθέλησεν ἀποδοῦναι τὴν πόλιν, ἀλλ' ἐλθὼν εἰς Λακεδαίμονα ἔπειθεν αὐτοὺς στρατεύεσθαι, διαβάλλων ὅτι Βοιωτῶν ἡ πόλις ἔσται, καὶ ἄλλα λέγων οἷς ᾤετο πείσειν μάλιστα. Οὐ δυνάμενος δὲ τούτων τυχεῖν, εἴτε καὶ τῶν ἱερῶν 59 ἐμποδὼν ὄντων εἴτε καὶ αὐτῶν οὐ βουλομένων, ἑκατὸν τάλαντα ἐδανείσατο, ἵνα ἔχοι ἐπικούρους μισθοῦσθαι, καὶ Λύσανδρον ἄρχοντα ᾐτήσατο, εὐνούστατον μὲν ὄντα τῇ ὀλιγαρχίᾳ, κακονούστατον δὲ τῇ πόλει, μισοῦντα δὲ μάλιστα τοὺς ἐν Πειραιεῖ. Μι- 60 σθωσάμενοι δὲ πάντας ἀνθρώπους ἐπ' ὀλέθρῳ τῆς πόλεως καὶ πόλεις ἐπάγοντες καὶ τελευτῶντες Λακεδαιμονίους καὶ τῶν συμμάχων ὁπόσους ἐδύνάντο πεῖσαι, οὐ διαλλάξαι ἀλλ' ἀπολέσαι παρεσκευάζοντο τὴν πόλιν, εἰ μὴ δι' ἄνδρας ἀγαθούς, οἷς ὑμεῖς δηλώσατε παρὰ τῶν ἐχθρῶν δίκην λαβόντες, ὅτι καὶ ἐκείνοις χάριν ἀποδώσετε. Ταῦτα δὲ ἐπίστασθε μὲν καὶ αὐτοί, καὶ οὐκ οἶδ' ὅ τι δεῖ μάρτυρας παρασχέσθαι· ὅμως δέ· ἐγώ τε γὰρ δέομαι ἀναπαύσασθαι ὑμῶν τ' ἐνίοις ἥδιον ὡς πλείστων τοὺς αὐτοὺς λόγους ἀκούειν.

ΜΑΡΤΥΡΕΣ

Φέρε δὴ καὶ περὶ Θηραμένους ὡς ἂν δύνωμαι διὰ βραχυτάτων διδάξω. Δέομαι δ' ὑμῶν ἀκοῦσαι ὑπέρ τ' ἐμαυτοῦ καὶ τῆς πόλεως, καὶ μηδενὶ τοῦτο παραστῇ, ὡς Ἐρατοσθένους κινδυνεύοντος Θηραμένους κατηγορῶ. Πυνθάνομαι γὰρ ταῦτα ἀπολογήσεσθαι αὐτόν, ὅτι ἐκείνῳ φίλος ἦν καὶ τῶν αὐτῶν ἔργων μετεῖχε. Καίτοι σφόδρ' ἂν αὐτὸν οἶμαι μετὰ Θεμιστοκλέους πολιτευόμενον προσποιεῖσθαι πράττειν, ὅπως οἰκοδομηθήσεται τὰ τείχη, ὁπότε καὶ μετὰ Θηραμένους ὅπως καθαιρεθήσεται. Οὐ γάρ μοι δοκοῦσιν ἴσου ἄξιοι γεγενῆσθαι· ὁ μὲν γὰρ Λακεδαιμονίων ἀκόντων ᾠκοδόμησεν αὐτά, οὗτος δὲ τοὺς πολίτας ἐξαπατήσας καθεῖλε. Περιέστηκεν οὖν τῇ πόλει τοὐναντίον ἢ ὡς εἰκὸς ἦν. Ἄξιον μὲν γὰρ ἦν καὶ τοὺς φίλους τοὺς Θηραμένους προσαπολωλέναι,

πλὴν εἴ τις ἐτύγχανεν ἐκείνῳ τἀναντία πράττων·
νῦν δὲ ὁρῶ τάς τε ἀπολογίας εἰς ἐκεῖνον ἀναφερομένας, τούς τ' ἐκείνῳ συνόντας τιμᾶσθαι πειρωμένους ὥσπερ πολλῶν ἀγαθῶν αἰτίου ἀλλ' οὐ μεγάλων κακῶν γεγενημένου. Ὃς πρῶτον μὲν τῆς προτέρας ὀλιγαρχίας αἰτιώτατος ἐγένετο, πείσας ὑμᾶς τὴν ἐπὶ τῶν τετρακοσίων πολιτείαν ἑλέσθαι. Καὶ ὁ μὲν πατὴρ αὐτοῦ τῶν προβούλων ὢν ταῦτ' ἔπραττεν, αὐτὸς δὲ δοκῶν εὐνούστατος εἶναι τοῖς πράγμασι στρατηγὸς ὑπ' αὐτῶν ᾑρέθη. Καὶ ἕως μὲν ἐτιμᾶτο, πιστὸν ἑαυτὸν παρεῖχεν· ἐπειδὴ δὲ Πείσανδρον μὲν καὶ Κάλλαισχρον καὶ ἑτέρους ἑώρα προτέρους αὐτοῦ γιγνομένους, τὸ δὲ ὑμέτερον πλῆθος οὐκέτι βουλόμενον τούτων ἀκροᾶσθαι, τότ' ἤδη διά τε τὸν πρὸς ἐκείνους φθόνον καὶ τὸ παρ' ὑμῶν δέος μετέσχε τῶν Ἀριστοκράτους ἔργων. Βουλόμενος δὲ τῷ ὑμετέρῳ πλήθει δοκεῖν πιστὸς εἶναι Ἀντιφῶντα καὶ Ἀρχεπτόλεμον φιλτάτους ὄντας αὐτῷ κατηγορῶν ἀπέκτεινεν, εἰς τοσοῦτον δὲ κακίας ἦλθεν, ὥστε ἅμα μὲν διὰ τὴν πρὸς ἐκείνους πίστιν ὑμᾶς κατεδουλώσατο, διὰ δὲ τὴν πρὸς ὑμᾶς τοὺς φίλους ἀπώλεσε. Τιμώμενος δὲ καὶ τῶν μεγίστων ἀξιούμενος, αὐτὸς ἐπαγγειλάμενος σώσειν τὴν πόλιν αὐτὸς ἀπώλεσε, φάσκων πρᾶγμα ηὑρηκέναι μέγα καὶ πολλοῦ ἄξιον· ὑπέσχετο δὲ εἰρήνην ποιήσειν μήτε ὅμηρα δοὺς μήτε τὰ τείχη καθελὼν μήτε τὰς ναῦς παραδούς· ταῦτα δὲ

εἰπεῖν μὲν οὐδενὶ ἠθέλησεν, ἐκέλευσε δὲ αὐτῷ
69 πιστεύειν. Ὑμεῖς δὲ, ὦ ἄνδρες Ἀθηναῖοι, πραττού-
σης μὲν τῆς ἐν Ἀρείῳ πάγῳ βουλῆς σωτήρια,
ἀντιλεγόντων δὲ πολλῶν Θηραμένει, εἰδότες δὲ ὅτι
οἱ μὲν ἄλλοι ἄνθρωποι τῶν πολεμίων ἕνεκα τἀπόρ-
ρητα ποιοῦνται, ἐκεῖνος δ᾿ ἐν τοῖς αὐτοῦ πολίταις
οὐκ ἠθέλησεν εἰπεῖν ταῦθ᾿ ἃ πρὸς τοὺς πολεμίους
ἔμελλεν ἐρεῖν, ὅμως ἐπετρέψατε αὐτῷ πατρίδα καὶ
70 παῖδας καὶ γυναῖκας καὶ ὑμᾶς αὐτούς. Ὁ δὲ ὧν μὲν
ὑπέσχετο οὐδὲν ἔπραξεν, οὕτως δὲ ἐνετεθύμητο, ὡς
χρὴ μικρὰν καὶ ἀσθενῆ γενέσθαι τὴν πόλιν, ὥστε
περὶ ὧν οὐδεὶς πώποτε οὔτε τῶν πολεμίων ἐμνήσθη
οὔτε τῶν πολιτῶν ἤλπισε, ταῦθ᾿ ὑμᾶς ἔπεισε πρᾶ-
ξαι, οὐχ ὑπὸ Λακεδαιμονίων ἀναγκαζόμενος, ἀλλ᾿
αὐτὸς ἐκείνοις ἐπαγγελλόμενος, τοῦ τε Πειραιῶς τὰ
τείχη περιελεῖν καὶ τὴν ὑπάρχουσαν πολιτείαν κατα-
λῦσαι, εὖ εἰδὼς ὅτι, εἰ μὴ πασῶν τῶν ἐλπίδων ἀπο-
στερηθήσεσθε, ταχεῖαν παρ᾿ αὐτοῦ τὴν τιμωρίαν
71 κομιεῖσθε. Καὶ τὸ τελευταῖον, ὦ ἄνδρες δικασταί, οὐ
πρότερον εἴασε τὴν ἐκκλησίαν γενέσθαι, ἕως ὁ
λεγόμενος ὑπ᾿ ἐκείνων καιρὸς ἐπιμελῶς ὑπ᾿ αὐτοῦ
ἐτηρήθη καὶ μετεπέμψατο μὲν τὰς μετὰ Λυσάνδρου
ναῦς ἐκ Σάμου, ἐπεδήμησε δὲ τὸ τῶν πολεμίων
72 στρατόπεδον. Τότε δέ, τούτων ὑπαρχόντων καὶ
παρόντος Λυσάνδρου καὶ Φιλοχάρους καὶ Μιλτιά-
δου, περὶ τῆς πολιτείας τὴν ἐκκλησίαν ἐποίουν, ἵνα

μήτε ῥήτωρ αὐτοῖς μηδεὶς ἐναντιοῖτο μηδὲ διαπει
λοῖτο ὑμεῖς τε μὴ τὰ τῇ πόλει συμφέροντα ἕλοισθε,
ἀλλὰ τἀκείνοις δοκοῦντα ψηφίσαισθε. Ἀναστὰς δὲ 73
Θηραμένης ἐκέλευσεν ὑμᾶς τριάκοντα ἀνδράσιν ἐπι
τρέψαι τὴν πόλιν καὶ τῇ πολιτείᾳ χρῆσθαι, ἣν Δρα
κοντίδης ἀπέφαινεν. Ὑμεῖς δ' ὅμως καὶ οὕτω δια
κείμενοι ἐθορυβεῖτε ὡς οὐ ποιήσοντες ταῦτα· ἐγι
γνώσκετε γὰρ ὅτι περὶ δουλείας καὶ ἐλευθερίας ἐν
ἐκείνῃ τῇ ἡμέρᾳ ἠκκλησιάζετε. Θηραμένης δέ, ὦ 74
ἄνδρες δικασταί, (καὶ τούτων ὑμᾶς αὐτοὺς μάρτυρας
παρέξομαι) εἶπεν ὅτι οὐδὲν αὐτῷ μέλοι τοῦ
ὑμετέρου θορύβου, ἐπειδὴ πολλοὺς μὲν Ἀθηναίων
εἰδείη τοὺς τὰ ὅμοια πράττοντας αὐτῷ, δοκοῦντα δὲ
Λυσάνδρῳ καὶ Λακεδαιμονίοις λέγοι. Μετ' ἐκεῖνον δὲ
Λύσανδρος ἀναστὰς ἄλλα τε πολλὰ εἶπε καὶ ὅτι παρα
σπόνδους ὑμᾶς ἔχοι, καὶ ὅτι οὐ περὶ πολιτείας ὑμῖν
ἔσται ἀλλὰ περὶ σωτηρίας, εἰ μὴ ποιήσεθ' ἃ Θηρα
μένης κελεύει. Τῶν δ' ἐν τῇ ἐκκλησίᾳ ὅσοι ἄνδρες 75
ἀγαθοὶ ἦσαν, γνόντες τὴν παρασκευὴν καὶ τὴν ἀνάγ
κην, οἱ μὲν αὐτοῦ μένοντες ἡσυχίαν ἦγον, οἱ δὲ ᾤχον
το ἀπιόντες, τοῦτο γοῦν σφίσιν αὐτοῖς συνειδότες,
ὅτι οὐδὲν κακὸν τῇ πόλει ἐψηφίσαντο· ὀλίγοι δέ τι
νες, καὶ πονηροὶ καὶ κακῶς βουλευόμενοι, τὰ προσ
ταχθέντα ἐχειροτόνησαν. Παρηγγέλλετο γὰρ αὐ 76
τοῖς δέκα μὲν οὓς Θηραμένης ἀπέδειξε χειροτονῆ
σαι, δέκα δὲ οὓς οἱ καθεστηκότες ἔφοροι κελεύοιεν,

δέκα δ' ἐκ τῶν παρόντων· οὕτω γὰρ τὴν ὑμετέραν ἀσθένειαν ἑώρων καὶ τὴν αὑτῶν δύναμιν ἠπίσταντο, ὥστε πρότερον ᾔδεσαν τὰ μέλλοντα ἐν τῇ ἐκκλησίᾳ
77 πραχθήσεσθαι. Ταῦτα δὲ οὐκ ἐμοὶ δεῖ πιστεῦσαι, ἀλλὰ ἐκείνῳ· πάντα γὰρ τὰ ὑπ' ἐμοῦ εἰρημένα ἐν τῇ βουλῇ ἀπολογούμενος ἔλεγεν, ὀνειδίζων μὲν τοῖς φεύγουσι, ὅτι δι' αὐτὸν κατέλθοιεν οὐδὲν φροντιζόντων Λακεδαιμονίων, ὀνειδίζων δὲ τοῖς τῆς πολιτείας μετέχουσιν, ὅτι πάντων τῶν πεπραγμένων τοῖς εἰρημένοις τρόποις ὑπ' ἐμοῦ αὐτοῖς αἴτιος γεγενημένος τοιούτων τυγχάνοι, πολλὰς πίστεις αὐτοῖς ἔργῳ δεδωκὼς καὶ παρ' ἐκείνων ὅρκους εἰληφώς.
78 Καὶ τοσούτων καὶ ἑτέρων κακῶν καὶ αἰσχρῶν καὶ πάλαι καὶ νεωστὶ καὶ μικρῶν καὶ μεγάλων αἰτίου γεγενημένου τολμήσουσιν αὑτοὺς φίλους ὄντας ἀποφαίνειν, οὐχ ὑπὲρ ὑμῶν ἀποθανόντος Θηραμένους ἀλλ' ὑπὲρ τῆς αὑτοῦ πονηρίας, καὶ δικαίως μὲν ἐν ὀλιγαρχίᾳ δίκην δόντος (ἤδη γὰρ αὐτὴν κατέλυσε), δικαίως δ' ἂν ἐν δημοκρατίᾳ· δὶς γὰρ ὑμᾶς κατεδουλώσατο, τῶν μὲν παρόντων καταφρονῶν, τῶν δὲ ἀπόντων ἐπιθυμῶν, καὶ τῷ καλλίστῳ ὀνόματι χρώμενος δεινοτάτων ἔργων διδάσκαλος καταστάς.
79 Περὶ μὲν τοίνυν Θηραμένους ἱκανά μοί ἐστι τὰ κατηγορημένα· ἥκει δ' ὑμῖν ἐκεῖνος ὁ καιρός, ἐν ᾧ δεῖ συγγνώμην καὶ ἔλεον μὴ εἶναι ἐν ταῖς ὑμετέραις γνώμαις, ἀλλὰ παρὰ Ἐρατοσθένους καὶ τῶν τούτου

συναρχόντων δίκην λαβεῖν, μηδὲ μαχομένους μὲν
κρείττους εἶναι τῶν πολεμίων, ψηφιζομένους δὲ ἥτ-
τους τῶν ἐχθρῶν· μηδ' ὧν φασι μέλλειν πράξειν 80
πλείω χάριν αὐτοῖς ἴστε, ἢ ὧν ἐποίησαν ὀργίζεσθε·
μηδ' ἀποῦσι μὲν τοῖς τριάκοντα ἐπιβουλεύετε, παρ-
όντας δὲ ἀφῆτε· μηδὲ τῆς τύχης, ἢ τούτους παρέ-
δωκε τῇ πόλει, κάκιον ὑμῖν αὐτοῖς βοηθήσητε.

Κατηγόρηται δὴ Ἐρατοσθένους καὶ τῶν τούτου 81
φίλων, οἷς τὰς ἀπολογίας ἀνοίσει καὶ μεθ' ὧν αὐτῷ
ταῦτα πέπρακται. Ὁ μέντοι ἀγὼν οὐκ ἐξ ἴσου τῇ
πόλει καὶ Ἐρατοσθένει· οὗτος μὲν γὰρ κατήγορος
καὶ δικαστὴς αὐτὸς ἦν τῶν κρινομένων, ἡμεῖς δὲ
νυνὶ εἰς κατηγορίαν καὶ ἀπολογίαν καθέσταμεν.
Καὶ οὗτοι μὲν τοὺς οὐδὲν ἀδικοῦντας ἀκρίτους ἀπ- 82
έκτειναν, ὑμεῖς δὲ τοὺς ἀπολέσαντας τὴν πόλιν κατὰ
τὸν νόμον ἀξιοῦτε κρίνειν, παρ' ὧν οὐδ' ἂν παρα-
νόμως βουλόμενοι δίκην λαμβάνειν ἀξίαν τῶν ἀδικη-
μάτων ὧν τὴν πόλιν ἠδικήκασι λάβοιτε. Τί γὰρ ἂν
παθόντες δίκην τὴν ἀξίαν εἴησαν τῶν ἔργων δεδω-
κότες; Πότερον εἰ αὐτοὺς ἀποκτείναιτε καὶ τοὺς 83
παῖδας αὐτῶν, ἱκανὴν ἂν τοῦ φόνου δίκην λάβοιμεν,
ὧν οὗτοι πατέρας καὶ υἱεῖς καὶ ἀδελφοὺς ἀκρίτους
ἀπέκτειναν; Ἀλλὰ γὰρ εἰ τὰ χρήματα τὰ φανερὰ
δημεύσαιτε, καλῶς ἂν ἔχοι ἢ τῇ πόλει, ἧς οὗτοι
πολλὰ εἰλήφασιν, ἢ τοῖς ἰδιώταις, ὧν τὰς οἰκίας
ἐξεπόρθησαν; Ἐπειδὴ τοίνυν πάντα ποιοῦντες δίκην 84

παρ' αὐτῶν τὴν ἀξίαν οὐκ ἂν δύναισθε λαβεῖν, πῶς οὐκ αἰσχρὸν ὑμῖν καὶ ἡντινοῦν ἀπολιπεῖν, ἥντινά τις βούλοιτο παρὰ τούτων λαμβάνειν;

Πᾶν δ' ἄν μοι δοκεῖ τολμῆσαι, ὅστις νυνί, οὐχ ἑτέρων ὄντων τῶν δικαστῶν, ἀλλ' αὐτῶν τῶν κακῶς πεπονθότων, ἥκει ἀπολογησόμενος πρὸς αὐτοὺς τοὺς μάρτυρας τῆς τούτου πονηρίας· τοσοῦτον ἢ
85 ὑμῶν καταπεφρόνηκεν ἢ ἑτέροις πεπίστευκεν. Ὧν ἀμφοτέρων ἄξιον ἐπιμεληθῆναι ἐνθυμουμένους, ὅτι οὔτ' ἂν ἐκεῖνα ἐδύναντο ποιεῖν μὴ ἑτέρων συμπραττόντων οὔτ' ἂν νῦν ἐπεχείρησαν ἐλθεῖν μὴ ὑπὸ τῶν αὐτῶν οἰόμενοι σωθήσεσθαι, οἳ οὐ τούτοις ἥκουσι βοηθήσοντες, ἀλλὰ ἡγούμενοι πολλὴν ἄδειαν σφίσιν ἔσεσθαι τῶν τε πεπραγμένων καὶ τοῦ λοιποῦ ποιεῖν ὅ τι ἂν βούλωνται, εἰ τοὺς μεγίστων κακῶν αἰτίους
86 λαβόντες ἀφήσετε. Ἀλλὰ καὶ τῶν συνερούντων αὐτοῖς ἄξιον θαυμάζειν, πότερον ὡς καλοὶ κἀγαθοὶ αἰτήσονται, τὴν αὑτῶν ἀρετὴν πλείονος ἀξίαν ἀποφαίνοντες τῆς τούτων πονηρίας· ἐβουλόμην μέντ' ἂν αὐτοὺς οὕτω προθύμους εἶναι σῴζειν τὴν πόλιν, ὥσπερ οὗτοι ἀπολλύναι· ἢ ὡς δεινοὶ λέγειν ἀπολογήσονται καὶ τὰ τούτων ἔργα πολλοῦ ἄξια ἀποφανοῦσιν· ἀλλ' οὐχ ὑπὲρ ὑμῶν οὐδεὶς αὐτῶν οὐδὲ τὰ δίκαια πώποτε ἐπεχείρησεν εἰπεῖν.

87 Ἀλλὰ τοὺς μάρτυρας ἄξιον ἰδεῖν, οἳ τούτοις μαρτυροῦντες αὐτῶν κατηγοροῦσι, σφόδρα ἐπιλή-

σμονας καὶ εὐήθεις νομίζοντες ὑμᾶς εἶναι, εἰ διὰ μὲν
τοῦ ὑμετέρου πλήθους ἀδεῶς ἡγοῦνται τοὺς τριάκον-
τα σώσειν, διὰ δὲ Ἐρατοσθένην καὶ τοὺς συνάρχον-
τας αὐτοῦ δεινὸν ἦν καὶ τῶν τεθνεώτων ἐπ' ἐκφορὰν
ἐλθεῖν. Καίτοι οὗτοι μὲν σωθέντες πάλιν ἂν δύναιν- 88
το τὴν πόλιν ἀπολέσαι· ἐκεῖνοι δέ, οὓς οὗτοι ἀπώλε-
σαν, τελευτήσαντες τὸν βίον πέρας ἔχουσι τῆς παρὰ
τῶν ἐχθρῶν τιμωρίας. Οὔκ οὖν δεινὸν εἰ τῶν μὲν
ἀδίκως τεθνεώτων οἱ φίλοι συναπώλλυντο, αὐτοῖς
δὲ τοῖς τὴν πόλιν ἀπολέσασιν δήπου ἐπ' ἐκφορὰν
πολλοὶ ἥξουσιν, ὁπότε βοηθεῖν τοσοῦτοι παρασκευ-
άζονται. Καὶ μὲν δὴ πολὺ ῥᾷον ἡγοῦμαι εἶναι ὑπὲρ 89
ὧν ὑμεῖς ἐπάσχετε ἀντειπεῖν, ἢ ὑπὲρ ὧν οὗτοι πεποι-
ήκασιν ἀπολογήσασθαι. Καίτοι λέγουσιν ὡς Ἐρα-
τοσθένει ἐλάχιστα τῶν τριάκοντα κακὰ εἴργασται,
καὶ διὰ τοῦτο αὐτὸν ἀξιοῦσι σωθῆναι· ὅτι δὲ τῶν
ἄλλων Ἑλλήνων πλεῖστα εἰς ὑμᾶς ἐξημάρτηκεν, οὐκ
οἴονται χρῆναι αὐτὸν ἀπολέσθαι; Ὑμεῖς δὲ δείξετε, 90
ἥντινα γνώμην ἔχετε περὶ τῶν πραγμάτων. Εἰ μὲν
γὰρ τούτου καταψηφιεῖσθε, δῆλοι ἔσεσθε ὡς ὀργι-
ζόμενοι τοῖς πεπραγμένοις· εἰ δὲ ἀποψηφιεῖσθε,
ὀφθήσεσθε τῶν αὐτῶν ἔργων ἐπιθυμηταὶ τούτοις
ὄντες, καὶ οὐχ ἕξετε λέγειν ὅτι τὰ ὑπὸ τῶν τριάκον-
τα προσταχθέντα ἐποιεῖτε· νυνὶ μὲν γὰρ οὐδεὶς ὑμᾶς 91
ἀναγκάζει παρὰ τὴν ὑμετέραν γνώμην ψηφίζεσθαι.
Ὥστε συμβουλεύω μὴ τούτων ἀποψηφισαμένους

ὑμῶν αὐτῶν καταψηφίσασθαι. Μηδ' οἴεσθε κρύβδην εἶναι τὴν ψῆφον· φανερὰν γὰρ τῇ πόλει τὴν ὑμετέραν γνώμην ποιήσετε.

92 Βούλομαι δὲ ὀλίγα ἑκατέρους ἀναμνήσας καταβαίνειν, τούς τε ἐξ ἄστεως καὶ τοὺς ἐκ Πειραιῶς, ἵνα τὰς ὑμῖν διὰ τούτων γεγενημένας συμφορὰς παραδείγματα ἔχοντες τὴν ψῆφον φέρητε. Καὶ πρῶτον μὲν ὅσοι ἐξ ἄστεώς ἐστε, σκέψασθε ὅτι ὑπὸ τούτων οὕτω σφόδρα ἤρχεσθε, ὥστε ἀδελφοῖς καὶ υἱέσι καὶ πολίταις ἠναγκάζεσθε πολεμεῖν τοιοῦτον πόλεμον, ἐν ᾧ ἡττηθέντες μὲν τοῖς νικήσασι τὸ ἴσον ἔχετε, νι-
93 κήσαντες δ' ἂν τούτοις ἐδουλεύετε. Καὶ τοὺς ἰδίους οἴκους οὗτοι μὲν ἐκ τῶν πραγμάτων μεγάλους ἐκτήσαντο, ὑμεῖς δὲ διὰ τὸν πρὸς ἀλλήλους πόλεμον ἐλάττους ἔχετε· συνωφελεῖσθαι μὲν γὰρ ὑμᾶς οὐκ ἠξίουν, συνδιαβάλλεσθαι δ' ἠνάγκαζον, εἰς τοσοῦτον ὑπεροψίας ἐλθόντες, ὥστε οὐ τῶν ἀγαθῶν κοινούμενοι πιστοὺς ὑμᾶς ἐκτῶντο, ἀλλὰ τῶν ὀνειδῶν
94 μεταδιδόντες εὔνους ᾤοντο εἶναι. Ἀνθ' ὧν ὑμεῖς νῦν ἐν τῷ θαρραλέῳ ὄντες, καθ' ὅσον δύνασθε, καὶ ὑπὲρ ὑμῶν αὐτῶν καὶ ὑπὲρ τῶν ἐκ Πειραιῶς τιμωρήσασθε, ἐνθυμηθέντες μὲν ὅτι ὑπὸ τούτων πονηροτάτων ὄντων ἤρχεσθε, ἐνθυμηθέντες δὲ ὅτι μετ' ἀνδρῶν νῦν ἀρίστων πολιτεύεσθε καὶ τοῖς πολεμίοις μάχεσθε καὶ περὶ τῆς πόλεως βουλεύεσθε, ἀναμνησθέντες δὲ τῶν ἐπικούρων, οὓς οὗτοι φύλακας τῆς

σφετέρας ἀρχῆς καὶ τῆς ὑμετέρας δουλείας εἰς τὴν
ἀκρόπολιν κατέστησαν. Καὶ πρὸς ὑμᾶς μὲν ἔτι πολ- 95
λῶν ὄντων εἰπεῖν τοσαῦτα λέγω. Ὅσοι δ᾽ ἐκ Πει-
ραιῶς ἐστε, πρῶτον μὲν τῶν ὅπλων ἀναμνήσθητε,
ὅτι πολλὰς μάχας ἐν τῇ ἀλλοτρίᾳ μαχεσάμενοι οὐχ
ὑπὸ τῶν πολεμίων ἀλλ᾽ ὑπὸ τούτων εἰρήνης οὔσης
ἀφῃρέθητε τὰ ὅπλα, ἔπειθ᾽ ὅτι ἐξεκηρύχθητε μὲν
ἐκ τῆς πόλεως, ἣν ὑμῖν οἱ πατέρες παρέδοσαν, φεύ-
γοντας δὲ ὑμᾶς ἐκ τῶν πόλεων ἐξῃτοῦντο. Ἀνθ᾽ ὧν 96
ὀργίσθητε μὲν ὥσπερ ὅτ᾽ ἐφεύγετε, ἀναμνήσθητε
δὲ καὶ τῶν ἄλλων κακῶν ἅ πεπόνθατε ὑπ᾽ αὐτῶν, οἳ
τοὺς μὲν ἐκ τῆς ἀγορᾶς τοὺς δ᾽ ἐκ τῶν ἱερῶν συναρ-
πάζοντες βιαίως ἀπέκτειναν, τοὺς δὲ ἀπὸ τέκνων
καὶ γονέων καὶ γυναικῶν ἀφέλκοντες φονέας αὐτῶν
ἠνάγκασαν γενέσθαι καὶ οὐδὲ ταφῆς τῆς νομι-
ζομένης εἴασαν τυχεῖν, ἡγούμενοι τὴν αὐτῶν ἀρχὴν
βεβαιοτέραν εἶναι τῆς παρὰ τῶν θεῶν τιμωρίας.
Ὅσοι δὲ τὸν θάνατον διέφυγον, πολλαχοῦ κινδυνεύ- 97
σαντες καὶ εἰς πολλὰς πόλεις πλανηθέντες καὶ παν-
ταχόθεν ἐκκηρυττόμενοι, ἐνδεεῖς ὄντες τῶν ἐπιτη-
δείων, οἱ μὲν ἐν πολεμίᾳ τῇ πατρίδι τοὺς παῖδας
καταλιπόντες, οἱ δ᾽ ἐν ξένῃ γῇ, πολλῶν ἐναντιου-
μένων ἤλθετε εἰς τὸν Πειραιᾶ. Πολλῶν δὲ καὶ μεγά-
λων κινδύνων ὑπαρξάντων ἄνδρες ἀγαθοὶ γενόμενοι
τοὺς μὲν ἠλευθερώσατε, τοὺς δ᾽ εἰς τὴν πατρίδα
κατηγάγετε. Εἰ δὲ ἐδυστυχήσατε καὶ τούτων ἡμάρ- 98

τετε, αὐτοὶ μὲν ἂν δείσαντες ἐφεύγετε, μὴ πάθητε τοιαῦτα οἷα καὶ πρότερον, καὶ οὔτ' ἂν ἱερὰ οὔτε βωμοὶ ὑμᾶς ἀδικουμένους διὰ τοὺς τούτων τρόπους ὠφέλησαν, ἃ καὶ τοῖς ἀδικοῦσι σωτήρια γίγνεται· οἱ δὲ παῖδες ὑμῶν, ὅσοι μὲν ἐνθάδε ἦσαν, ὑπὸ τούτων ἂν ὑβρίζοντο, οἱ δ' ἐπὶ ξένης μικρῶν ἂν ἕνεκα συμβολαίων ἐδούλευον ἐρημίᾳ τῶν ἐπικουρησόντων.

99 Ἀλλὰ γὰρ οὐ τὰ μέλλοντα ἔσεσθαι βούλομαι λέγειν, τὰ πραχθέντα ὑπὸ τούτων οὐ δυνάμενος εἰπεῖν· οὐδὲ γὰρ ἑνὸς κατηγόρου οὐδὲ δυοῖν ἔργον ἐστίν, ἀλλὰ πολλῶν. Ὅμως δὲ τῆς ἐμῆς προθυμίας οὐδὲν ἐλλέλειπται, ὑπέρ τε τῶν ἱερῶν, ἃ οὗτοι τὰ μὲν ἀπέδοντο τὰ δ' εἰσιόντες ἐμίαινον, ὑπέρ τε τῆς πόλεως, ἣν μικρὰν ἐποίουν, ὑπέρ τε τῶν νεωρίων, ἃ καθεῖλον, καὶ ὑπὲρ τῶν τεθνεώτων, οἷς ὑμεῖς, ἐπειδὴ ζῶσιν ἐπαμῦναι οὐκ ἐδύνασθε, ἀποθανοῦσι βοηθή-
100 σατε. Οἶμαι δ' αὐτοὺς ἡμῶν τε ἀκροᾶσθαι καὶ ὑμᾶς εἴσεσθαι τὴν ψῆφον φέροντας, ἡγουμένους, ὅσοι μὲν ἂν τούτων ἀποψηφίσησθε, αὐτῶν θάνατον κατεψηφισμένους ἔσεσθαι, ὅσοι δ' ἂν παρὰ τούτων δίκην λάβωσιν, ὑπὲρ αὐτῶν τὰς τιμωρίας πεποιημένους.

Παύσομαι κατηγορῶν. Ἀκηκόατε, ἑωράκατε, πεπόνθατε, ἔχετε· δικάζετε.

2. Die Rede über die Ermordung des Eratosthenes (I)

In Athen gab es einen jungen Müßiggänger namens Eratosthenes (nicht identisch mit dem Angeklagten der Rede XII), der seine Zeit gerne mit den Frauen anderer Männer verbrachte. So hatte er sich auch die Gunst der Frau des Euphiletos erworben. Euphiletos, der zunächst von den Vorgängen in seinem Hause nichts ahnte, erfuhr aber dann doch von einer anderen Frau, die von Eratosthenes wieder verlassen worden war und die sich auf diese Weise an ihm rächen wollte, von dem ehebrecherischen Verhältnis, das Eratosthenes zu seiner Frau unterhielt. Von diesem Zeitpunkt an sann Euphiletos auf nichts anderes als auf den Tod des Eratosthenes. Denn ein Gesetz gestattete es dem Ehemann, ungestraft den Ehebrecher zu töten. Allerdings mußte dieser auf frischer Tat ertappt werden. Es war also verboten, ihn ins Haus zu locken und dann zu töten.

Euphiletos wartete nun, bis Eratosthenes sich wieder einmal in seinem Hause befand, ging dann, um Zeugen zu holen, drang mit diesen in das Schlafgemach seiner Frau ein und tötete dort den Eratosthenes. Die Verwandten des Eratosthenes klagten nun den Euphiletos an, er habe den Eratosthenes mit Gewalt ins Haus gezerrt und ihn dort getötet, obwohl er sich an den Hausaltar geflüchtet habe. Gegen diese Anklage verteidigte sich Euphiletos mit der vorliegenden Rede.

Die Datierung der Rede, die einen interessanten Kriminalfall behandelt und viele Einzelheiten über das Leben im alten Athen berichtet, ist ungewiß. Sie dürfte kurz nach dem Sturz der „Dreißig" gehalten worden sein.

2. (I)
ΥΠΕΡ ΤΟΥ ΕΡΑΤΟΣΘΕΝΟΥΣ ΦΟΝΟΥ ΑΠΟΛΟΓΙΑ

1 Περὶ πολλοῦ ἂν ποιησαίμην, ὦ ἄνδρες, τὸ τοιούτους ὑμᾶς ἐμοὶ δικαστὰς περὶ τούτου τοῦ πράγματος γενέσθαι, οἷοίπερ ἂν ὑμῖν αὐτοῖς εἴητε τοιαῦτα πεπονθότες· εὖ γὰρ οἶδ' ὅτι, εἰ τὴν αὐτὴν γνώμην περὶ τῶν ἄλλων ἔχοιτε, ἥνπερ περὶ ὑμῶν αὐτῶν, οὐκ ἂν εἴη ὅστις οὐκ ἐπὶ τοῖς γεγενημένοις ἀγανακτοίη, ἀλλὰ πάντες ἂν περὶ τῶν τὰ τοιαῦτα ἐπιτηδευόντων
2 τὰς ζημίας μικρὰς ἡγοῖσθε. Καὶ ταῦτα οὐκ ἂν εἴη μόνον παρ' ὑμῖν οὕτως ἐγνωσμένα, ἀλλ' ἐν ἁπάσῃ τῇ Ἑλλάδι· περὶ τούτου γὰρ μόνου τοῦ ἀδικήματος καὶ ἐν δημοκρατίᾳ καὶ ὀλιγαρχίᾳ ἡ αὐτὴ τιμωρία τοῖς ἀσθενεστάτοις πρὸς τοὺς τὰ μέγιστα δυναμένους ἀποδέδοται, ὥστε τὸν χείριστον τῶν αὐτῶν τυγχάνειν τῷ βελτίστῳ· οὕτως, ὦ ἄνδρες, ταύτην τὴν
3 ὕβριν ἅπαντες ἄνθρωποι δεινοτάτην ἡγοῦνται. Περὶ μὲν οὖν τοῦ μεγέθους τῆς ζημίας ἅπαντας ὑμᾶς νομίζω τὴν αὐτὴν διάνοιαν ἔχειν, καὶ οὐδένα οὕτως ὀλιγώρως διακεῖσθαι, ὅστις οἴεται δεῖν συγγνώμης τυγχάνειν ἢ μικρᾶς ζημίας ἀξίους ἡγεῖται τοὺς τῶν
4 τοιούτων ἔργων αἰτίους· ἡγοῦμαι δέ, ὦ ἄνδρες, τοῦτό με δεῖν ἐπιδεῖξαι, ὡς ἐμοίχευεν Ἐρατοσθένης τὴν γυναῖκα τὴν ἐμὴν καὶ ἐκείνην τε διέφθειρε

καὶ τοὺς παῖδας τοὺς ἐμοὺς ᾔσχυνε καὶ ἐμὲ αὐτὸν
ὕβρισεν εἰς τὴν οἰκίαν τὴν ἐμὴν εἰσιών, καὶ οὔτε
ἔχθρα ἐμοὶ καὶ ἐκείνῳ οὐδεμία ἦν πλὴν ταύτης, οὔτε
χρημάτων ἕνεκα ἔπραξα ταῦτα, ἵνα πλούσιος ἐκ
πένητος γένωμαι, οὔτε ἄλλου κέρδους οὐδενὸς πλὴν
τῆς κατὰ τοὺς νόμους τιμωρίας. Ἐγὼ τοίνυν ἐξ 5
ἀρχῆς ὑμῖν ἅπαντα ἐπιδείξω τὰ ἐμαυτοῦ πράγματα,
οὐδὲν παραλείπων, ἀλλὰ λέγων τἀληθῆ· ταύτην γὰρ
ἐμαυτῷ μόνην ἡγοῦμαι σωτηρίαν, ἐὰν ὑμῖν εἰπεῖν
ἅπαντα δυνηθῶ τὰ πεπραγμένα.

Ἐγὼ γάρ, ὦ Ἀθηναῖοι, ἐπειδὴ ἔδοξέ μοι γῆμαι 6
καὶ γυναῖκα ἠγαγόμην εἰς τὴν οἰκίαν, τὸν μὲν ἄλλον
χρόνον οὕτω διεκείμην ὥστε μήτε λυπεῖν μήτε λίαν
ἐπ' ἐκείνῃ εἶναι ὅ τι ἂν ἐθέλῃ ποιεῖν, ἐφύλαττόν τε
ὡς οἷόν τε ἦν, καὶ προσεῖχον τὸν νοῦν ὥσπερ εἰκὸς
ἦν· ἐπειδὴ δέ μοι παιδίον γίγνεται, ἐπίστευον ἤδη
καὶ πάντα τὰ ἐμαυτοῦ ἐκείνῃ παρέδωκα, ἡγούμενος
ταύτην οἰκειότητα μεγίστην εἶναι. Ἐν μὲν οὖν τῷ 7
πρώτῳ χρόνῳ, ὦ Ἀθηναῖοι, πασῶν ἦν βελτίστη· καὶ
γὰρ οἰκονόμος δεινὴ καὶ φειδωλὸς καὶ ἀκριβῶς
πάντα διοικοῦσα· Ἐπειδὴ δέ μοι ἡ μήτηρ ἐτελεύ-
τησε, πάντων τῶν κακῶν ἀποθανοῦσα αἰτία μοι γε-
γένηται. Ἐπ' ἐκφορὰν γὰρ αὐτῇ ἀκολουθήσασα ἡ 8
ἐμὴ γυνὴ ὑπὸ τούτου τοῦ ἀνθρώπου ὀφθεῖσα, χρόνῳ
διαφθείρεται· ἐπιτηρῶν γὰρ τὴν θεράπαιναν τὴν εἰς
τὴν ἀγορὰν βαδίζουσαν καὶ λόγους προσφέρων ἀπ-

9 ὤλεσεν αὐτήν· Πρῶτον μὲν οὖν, ὦ ἄνδρες, (δεῖ γὰρ καὶ ταῦθ' ὑμῖν διηγήσασθαι) οἰκίδιον ἔστι μοι διπλοῦν, ἴσα ἔχον τὰ ἄνω τοῖς κάτω κατὰ τὴν γυναικωνῖτιν καὶ κατὰ τὴν ἀνδρωνῖτιν. Ἐπειδὴ δὲ τὸ παιδίον ἐγένετο ἡμῖν, ἡ μήτηρ αὐτὸ ἐθήλαζεν· ἵνα δὲ μή, ὁπότε λοῦσθαι δέοι, κινδυνεύῃ κατὰ τῆς κλίμακος καταβαίνουσα, ἐγὼ μὲν ἄνω διῃτώμην, αἱ δὲ γυναῖ-
10 κες κάτω. Καὶ οὕτως ἤδη συνειθισμένον ἦν, ὥστε πολλάκις ἡ γυνὴ ἀπῄει κάτω καθευδήσουσα ὡς τὸ παιδίον, ἵνα τὸν τιτθὸν αὐτῷ διδῷ καὶ μὴ βοᾷ. Καὶ ταῦτα πολὺν χρόνον οὕτως ἐγίγνετο, καὶ ἐγὼ οὐδέποτε ὑπώπτευσα, ἀλλ' οὕτως ἠλιθίως διεκείμην, ὥστε ᾤμην τὴν ἐμαυτοῦ γυναῖκα πασῶν σωφρονεστά-
11 την εἶναι τῶν ἐν τῇ πόλει. Προϊόντος δὲ τοῦ χρόνου, ὦ ἄνδρες, ἧκον μὲν ἀπροσδοκήτως ἐξ ἀγροῦ, μετὰ δὲ τὸ δεῖπνον τὸ παιδίον ἐβόα καὶ ἐδυσκόλαινεν ὑπὸ τῆς θεραπαίνης ἐπίτηδες λυπούμενον, ἵνα ταῦτα ποιῇ· ὁ γὰρ ἄνθρωπος ἔνδον ἦν· ὕστερον γὰρ ἅπαντα
12 ἐπυθόμην. Καὶ ἐγὼ τὴν γυναῖκα ἀπιέναι ἐκέλευον καὶ δοῦναι τῷ παιδίῳ τὸν τιτθόν, ἵνα παύσηται κλᾶον. Ἡ δὲ τὸ μὲν πρῶτον οὐκ ἤθελεν, ὡς ἂν ἀσμένη με ἑωρακυῖα ἥκοντα διὰ χρόνου· ἐπειδὴ δὲ ἐγὼ ὠργιζόμην καὶ ἐκέλευον αὐτὴν ἀπιέναι, ,,ἵνα σύ γε", ἔφη, ,,πειρᾷς ἐνταῦθα τὴν παιδίσκην· καὶ πρότερον
13 δὲ μεθύων εἷλκες αὐτήν." Κἀγὼ μὲν ἐγέλων, ἐκείνη δὲ ἀναστᾶσα καὶ ἀπιοῦσα προστίθησι τὴν θύραν,

προσποιουμένη παίζειν, καὶ τὴν κλεῖν ἐφέλκεται.
Κἀγὼ τούτων οὐδὲν ἐνθυμούμενος οὐδ᾽ ὑπονοῶν
ἐκάθευδον ἄσμενος, ἥκων ἐξ ἀγροῦ. Ἐπειδὴ δὲ ἦν 14
πρὸς ἡμέραν, ἧκεν ἐκείνη καὶ τὴν θύραν ἀνέῳξεν.
Ἐρομένου δέ μου τί αἱ θύραι νύκτωρ ψοφοῖεν,
ἔφασκε τὸν λύχνον ἀποσβεσθῆναι τὸν παρὰ τῷ παι-
δίῳ, εἶτα ἐκ τῶν γειτόνων ἐνάψασθαι. Ἐσιώπων
ἐγὼ καὶ ταῦτα οὕτως ἔχειν ἡγούμην. Ἔδοξε δέ μοι,
ὦ ἄνδρες, τὸ πρόσωπον ἐψιμυθιῶσθαι, τοῦ ἀδελφοῦ
τεθνεῶτος οὔπω τριάκονθ᾽ ἡμέρας· ὅμως δ᾽ οὐδ᾽
οὕτως οὐδὲν εἰπὼν περὶ τοῦ πράγματος ἐξελθὼν
ᾠχόμην ἔξω σιωπῇ. Μετὰ δὲ ταῦτα, ὦ ἄνδρες, χρό- 15
νου μεταξὺ διαγενομένου καὶ ἐμοῦ πολὺ ἀπολελειμ-
μένου τῶν ἐμαυτοῦ κακῶν, προσέρχεταί μοί τις
πρεσβῦτις ἄνθρωπος, ὑπὸ γυναικὸς ὑποπεμφθεῖσα,
ἣν ἐκεῖνος ἐμοίχευεν, ὡς ἐγὼ ὕστερον ἤκουον·
αὕτη δὲ ὀργιζομένη καὶ ἀδικεῖσθαι νομίζουσα, ὅτι
οὐκέτι ὁμοίως ἐφοίτα παρ᾽ αὐτήν, ἐφύλαττεν ἕως
ἐξηῦρεν ὅ τι εἴη τὸ αἴτιον. Προσελθοῦσα οὖν μοι ἐγγὺς 16
ἡ ἄνθρωπος τῆς οἰκίας τῆς ἐμῆς ἐπιτηροῦσα, ,,Εὐ-
φίλητε", ἔφη, ,,μηδεμιᾷ πολυπραγμοσύνῃ προσελη-
λυθέναι με νόμιζε πρὸς σέ· ὁ γὰρ ἀνὴρ ὁ ὑβρίζων
εἰς σὲ καὶ τὴν σὴν γυναῖκα ἐχθρὸς ὢν ἡμῖν τυγχάνει.
Ἐὰν οὖν λάβῃς τὴν θεράπαιναν τὴν εἰς ἀγορὰν βαδί-
ζουσαν καὶ διακονοῦσαν ὑμῖν καὶ βασανίσῃς, ἅπαντα
πεύσῃ. Ἔστι δ᾽", ἔφη, ,,Ἐρατοσθένης Ὀῆθεν ὁ

ταῦτα πράττων, ὃς οὐ μόνον τὴν σὴν γυναῖκα διέφθαρκεν ἀλλὰ καὶ ἄλλας πολλάς· ταύτην γὰρ τέχνην
17 ἔχει." Ταῦτα εἰποῦσα, ὦ ἄνδρες, ἐκείνη μὲν ἀπηλλάγη, ἐγὼ δ' εὐθέως ἐταραττόμην, καὶ πάντα μου εἰς τὴν γνώμην εἰσῄει, καὶ μεστὸς ἦν ὑποψίας, ἐνθυμούμενος μὲν ὡς ἀπεκλῄσθην ἐν τῷ δωματίῳ, ἀναμιμνῃσκόμενος δὲ ὅτι ἐν ἐκείνῃ τῇ νυκτὶ ἐψόφει ἡ μέταυλος θύρα καὶ ἡ αὔλειος, ὃ οὐδέποτε ἐγένετο, ἔδοξέ τέ μοι ἡ γυνὴ ἐψιμυθιῶσθαι. Ταῦτά μου πάντα εἰς τὴν γνώμην εἰσῄει, καὶ μεστὸς ἦν ὑποψίας.
18 Ἐλθὼν δὲ οἴκαδε ἐκέλευον ἀκολουθεῖν μοι τὴν θεράπαιναν εἰς τὴν ἀγοράν, ἀγαγὼν δ' αὐτὴν ὡς τῶν ἐπιτηδείων τινὰ ἔλεγον ὅτι ἐγὼ πάντα εἴην πεπυσμένος τὰ γιγνόμενα ἐν τῇ οἰκίᾳ· ,,Σοὶ οὖν," ἔφην, ,,ἔξεστι δυοῖν ὁπότερον βούλει ἐλέσθαι, ἢ μαστιγωθεῖσαν εἰς μύλωνα ἐμπεσεῖν καὶ μηδέποτε παύσασθαι κακοῖς τοιούτοις συνεχομένην, ἢ κατειποῦσαν ἅπαντα τἀληθῆ μηδὲν παθεῖν κακόν, ἀλλὰ συγγνώμης παρ' ἐμοῦ τυχεῖν τῶν ἡμαρτημένων. Ψεύσῃ δὲ μηδέν, ἀλλὰ πάντα τἀληθῆ λέγε."
19 Κἀκείνη τὸ μὲν πρῶτον ἔξαρνος ἦν, καὶ ποιεῖν ἐκέλευεν ὅ τι βούλομαι· οὐδὲν γὰρ εἰδέναι· ἐπειδὴ δὲ ἐγὼ ἐμνήσθην Ἐρατοσθένους πρὸς αὐτήν, καὶ εἶπον ὅτι οὗτος ὁ φοιτῶν εἴη πρὸς τὴν γυναῖκα, ἐξεπλάγη ἡγησαμένη με πάντα ἀκριβῶς ἐγνωκέναι. Καὶ τότε ἤδη πρὸς τὰ γόνατά μου πεσοῦσα, καὶ πί-

στιν παρ' ἐμοῦ λαβοῦσα μηδὲν πείσεσθαι κακόν,
κατηγόρει πρῶτον μὲν ὡς μετὰ τὴν ἐκφορὰν αὐτῇ 20
προσίοι, ἔπειτα ὡς αὐτὴ τελευτῶσα εἰσαγγείλειε
καὶ ὡς ἐκείνη τῷ χρόνῳ πεισθείη, καὶ τὰς εἰσόδους
οἷς τρόποις προσίοιτο, καὶ ὡς Θεσμοφορίοις ἐμοῦ ἐν
ἀγρῷ ὄντος ᾤχετο εἰς τὸ ἱερὸν μετὰ τῆς μητρὸς τῆς
ἐκείνου· καὶ τἆλλα τὰ γενόμενα πάντα ἀκριβῶς διη-
γήσατο. Ἐπειδὴ δὲ πάντα εἴρητο αὐτῇ, εἶπον ἐγώ· 21
„Ὅπως τοίνυν ταῦτα μηδεὶς ἀνθρώπων πεύσεται· εἰ
δὲ μή, οὐδέν σοι κύριον ἔσται τῶν πρὸς ἔμ' ὡμολο-
γημένων. ἀξιῶ δέ σε ἐπ' αὐτοφώρῳ ταῦτά μοι ἐπι-
δεῖξαι· ἐγὼ γὰρ οὐδὲν δέομαι λόγων, ἀλλὰ τὸ ἔργον
φανερὸν γενέσθαι, εἴπερ οὕτως ἔχει." Ὡμολόγει
ταῦτα ποιήσειν. Καὶ μετὰ ταῦτα διεγένοντο ἡμέραι 22
τέτταρες ἢ πέντε, ... ὡς ἐγὼ μεγάλοις ὑμῖν τεκμη-
ρίοις ἐπιδείξω. Πρῶτον δὲ διηγήσασθαι βούλομαι τὰ
πραχθέντα τῇ τελευταίᾳ ἡμέρᾳ. Σώστρατος ἦν μοι
ἐπιτήδειος καὶ φίλος. Τούτῳ ἡλίου δεδυκότος ἰόντι
ἐξ ἀγροῦ ἀπήντησα. Εἰδὼς δ' ἐγώ, ὅτι τηνικαῦτα ἀφ-
ιγμένος οὐδένα καταλήψοιτο οἴκοι τῶν ἐπιτηδείων,
ἐκέλευον συνδειπνεῖν· καὶ ἐλθόντες οἴκαδε ὡς ἐμέ,
ἀναβάντες εἰς τὸ ὑπερῷον ἐδειπνοῦμεν. Ἐπειδὴ δὲ 23
καλῶς αὐτῷ εἶχεν, ἐκεῖνος μὲν ἀπιὼν ᾤχετο, ἐγὼ δ'
ἐκάθευδον. Ὁ δ' Ἐρατοσθένης, ὦ ἄνδρες, εἰσέρχε-
ται, καὶ ἡ θεράπαινα ἐπεγείρασά με εὐθὺς φράζει
ὅτι ἔνδον ἐστί. Κἀγὼ εἰπὼν ἐκείνῃ ἐπιμέλεσθαι τῆς

θύρας, καταβὰς σιωπῇ ἐξέρχομαι, καὶ ἀφικνοῦμαι ὡς τὸν καὶ τόν, καὶ τοὺς μὲν οὐκ ἔνδον κατέλαβον,

24 τοὺς δὲ οὐδ' ἐπιδημοῦντας ηὗρον. Παραλαβὼν δ' ὡς οἷόν τε ἦν πλείστους ἐκ τῶν παρόντων ἐβάδιζον. Καὶ δᾷδας λαβόντες ἐκ τοῦ ἐγγύτατα καπηλείου εἰσερχόμεθα, ἀνεῳγμένης τῆς θύρας καὶ ὑπὸ τῆς ἀνθρώπου παρεσκευασμένης. Ὤσαντες δὲ τὴν θύραν τοῦ δωματίου οἱ μὲν πρῶτοι εἰσιόντες ἔτι εἴδομεν αὐτὸν κατακείμενον παρὰ τῇ γυναικί, οἱ δ'

25 ὕστερον ἐν τῇ κλίνῃ γυμνὸν ἑστηκότα. Ἐγὼ δ', ὦ ἄνδρες, πατάξας καταβάλλω αὐτόν, καὶ τὼ χεῖρε περιαγαγὼν εἰς τοὔπισθεν καὶ δήσας ἠρώτων διὰ τί ὑβρίζει εἰς τὴν οἰκίαν τὴν ἐμὴν εἰσιών. Κἀκεῖνος ἀδικεῖν μὲν ὡμολόγει, ἠντεβόλει δὲ καὶ ἱκέτευε μὴ ἀποκτεῖναι ἀλλ' ἀργύριον πρά-

26 ξασθαι. ἐγὼ δ' εἶπον ὅτι ,,οὐκ ἐγώ σε ἀποκτενῶ, ἀλλ' ὁ τῆς πόλεως νόμος, ὃν σὺ παραβαίνων περὶ ἐλάττονος τῶν ἡδονῶν ἐποιήσω, καὶ μᾶλλον εἵλου τοιοῦτον ἁμάρτημα ἐξαμαρτάνειν εἰς τὴν γυναῖκα τὴν ἐμὴν καὶ εἰς τοὺς παῖδας τοὺς ἐμοὺς ἢ τοῖς

27 νόμοις πείθεσθαι καὶ κόσμιος εἶναι." Οὕτως, ὦ ἄνδρες, ἐκεῖνος τούτων ἔτυχεν ὧνπερ οἱ νόμοι κελεύουσι τοὺς τὰ τοιαῦτα πράττοντας, οὐκ εἰσαρπασθεὶς ἐκ τῆς ὁδοῦ, οὐδ' ἐπὶ τὴν ἑστίαν καταφυγών, ὥσπερ οὗτοι λέγουσι· πῶς γὰρ ἄν, ὅστις ἐν τῷ δωματίῳ πληγεὶς κατέπεσεν εὐθύς, περιέστρεψα δ'

αὐτοῦ τὼ χεῖρε, ἔνδον δὲ ἦσαν ἄνθρωποι τοσοῦτοι, οὓς διαφυγεῖν οὐκ ἐδύνατο, οὔτε σίδηρον οὔτε ξύλον οὔτε ἄλλο οὐδὲν ἔχων, ᾧ τοὺς εἰσελθόντας ἂν ἠμύνατο; Ἀλλ', ὦ ἄνδρες, οἶμαι καὶ ὑμᾶς εἰδέναι ὅτι οἱ 28 μὴ τὰ δίκαια πράττοντες οὐχ ὁμολογοῦσι τοὺς ἐχθροὺς λέγειν ἀληθῆ, ἀλλ' αὐτοὶ ψευδόμενοι καὶ τὰ τοιαῦτα μηχανώμενοι ὀργὰς τοῖς ἀκούουσι κατὰ τῶν τὰ δίκαια πραττόντων παρασκευάζουσι. Πρῶτον μὲν οὖν ἀνάγνωθι τὸν νόμον.

ΝΟΜΟΣ

Οὐκ ἠμφισβήτει, ὦ ἄνδρες, ἀλλ' ὡμολόγει ἀδι- 29 κεῖν, καὶ ὅπως μὲν μὴ ἀποθάνῃ ἠντεβόλει καὶ ἱκέτευεν, ἀποτίνειν δ' ἕτοιμος ἦν χρήματα. Ἐγὼ δὲ τῷ μὲν ἐκείνου τιμήματι οὐ συνεχώρουν, τὸν δὲ τῆς πόλεως νόμον ἠξίουν εἶναι κυριώτερον, καὶ ταύτην ἔλαβον τὴν δίκην, ἣν ὑμεῖς δικαιοτάτην εἶναι ἡγησάμενοι τοῖς τὰ τοιαῦτα ἐπιτηδεύουσιν ἐτάξατε. Καί μοι ἀνάβητε τούτων μάρτυρες.

ΜΑΡΤΥΡΕΣ

Ἀνάγνωθι δέ μοι καὶ τοῦτον τὸν νόμον τὸν ἐκ τῆς 30 στήλης τῆς ἐξ Ἀρείου πάγου.

ΝΟΜΟΣ

Ἀκούετε, ὦ ἄνδρες, ὅτι αὐτῷ τῷ δικαστηρίῳ τῷ ἐξ Ἀρείου πάγου, ᾧ καὶ πάτριόν ἐστι καὶ ἐφ' ἡμῶν

ἀποδέδοται τοῦ φόνου τὰς δίκας δικάζειν, διαρρήδην
εἴρηται τούτου μὴ καταγιγνώσκειν φόνον, ὃς ἂν ἐπὶ
δάμαρτι τῇ ἑαυτοῦ μοιχὸν λαβὼν ταύτην τὴν τιμω-
ρίαν ποιήσηται. Καὶ οὕτω σφόδρα ὁ νομοθέτης ἐπὶ
ταῖς γαμεταῖς γυναιξὶ δίκαια ταῦτα ἡγήσατο εἶναι,
ὥστε καὶ ἐπὶ ταῖς παλλακαῖς ταῖς ἐλάττονος ἀξίαις
τὴν αὐτὴν δίκην ἐπέθηκε. Καίτοι δῆλον ὅτι, εἴ τινα
εἶχε ταύτης μείζω τιμωρίαν ἐπὶ ταῖς γαμεταῖς,
ἐποίησεν ἄν· νῦν δὲ οὐχ οἷός τε ὢν ταύτης ἰσχυρο-
τέραν ἐπ' ἐκείναις ἐξευρεῖν, τὴν αὐτὴν καὶ ἐπὶ
ταῖς παλλακαῖς ἠξίωσε γίγνεσθαι. Ἀνάγνωθι δέ
μοι καὶ τοῦτον τὸν νόμον.

ΝΟΜΟΣ

Ἀκούετε, ὦ ἄνδρες, ὅτι κελεύει, ἐάν τις ἄνθρω-
πον ἐλεύθερον ἢ παῖδα αἰσχύνῃ βίᾳ, διπλῆν τὴν βλά-
βην ὀφείλειν· ἐὰν δὲ γυναῖκα, ἐφ' αἷσπερ ἀποκτεί-
νειν ἔξεστιν, ἐν τοῖς αὐτοῖς ἐνέχεσθαι· οὕτως, ὦ
ἄνδρες, τοὺς βιαζομένους ἐλάττονος ζημίας ἀξίους
ἡγήσατο εἶναι ἢ τοὺς πείθοντας· τῶν μὲν γὰρ θάνα-
τον κατέγνω, τοῖς δὲ διπλῆν ἐποίησε τὴν βλάβην,
ἡγούμενος τοὺς μὲν διαπραττομένους βίᾳ ὑπὸ τῶν
βιασθέντων μισεῖσθαι, τοὺς δὲ πείσαντας οὕτως
αὐτῶν τὰς ψυχὰς διαφθείρειν, ὥστ' οἰκειοτέρας
αὐτοῖς ποιεῖν τὰς ἀλλοτρίας γυναῖκας ἢ τοῖς ἀν-
δράσι, καὶ πᾶσαν ἐπ' ἐκείνοις τὴν οἰκίαν γεγονέναι,

καὶ τοὺς παῖδας ἀδήλους εἶναι ὁποτέρων τυγχάνουσιν ὄντες, τῶν ἀνδρῶν ἢ τῶν μοιχῶν. Ἀνθ' ὧν ὁ τὸν νόμον τιθεὶς θάνατον αὐτοῖς ἐποίησε τὴν ζημίαν. Ἐμοῦ τοίνυν, ὦ ἄνδρες, οἱ μὲν νόμοι οὐ μόνον ἀπεγνωκότες εἰσὶ μὴ ἀδικεῖν, ἀλλὰ καὶ κεκελευκότες ταύτην τὴν δίκην λαμβάνειν· ἐν ὑμῖν δ' ἐστὶ πότερον χρὴ τούτους ἰσχυροὺς ἢ μηδενὸς ἀξίους εἶναι· Ἐγὼ μὲν γὰρ οἶμαι πάσας τὰς πόλεις διὰ τοῦτο τοὺς νόμους τίθεσθαι, ἵνα περὶ ὧν ἂν πραγμάτων ἀπορῶμεν, παρὰ τούτους ἐλθόντες σκεψώμεθα ὅ τι ἡμῖν ποιητέον ἐστίν. Οὗτοι τοίνυν περὶ τῶν τοιούτων τοῖς ἀδικουμένοις τοιαύτην δίκην λαμβάνειν παρακελεύονται. Οἷς ὑμᾶς ἀξιῶ τὴν αὐτὴν γνώμην ἔχειν· εἰ δὲ μή, τοιαύτην ἄδειαν τοῖς μοιχοῖς ποιήσετε, ὥστε καὶ τοὺς κλέπτας ἐπαρεῖτε φάσκειν μοιχοὺς εἶναι, εὖ εἰδότας ὅτι, ἐὰν ταύτην τὴν αἰτίαν περὶ ἑαυτῶν λέγωσι καὶ ἐπὶ τούτῳ φάσκωσιν εἰς τὰς ἀλλοτρίας οἰκίας εἰσιέναι, οὐδεὶς αὐτῶν ἅψεται. Πάντες γὰρ εἴσονται ὅτι τοὺς μὲν νόμους τῆς μοιχείας χαίρειν ἐᾶν δεῖ, τὴν δὲ ψῆφον τὴν ὑμετέραν δεδιέναι· αὕτη γάρ ἐστι πάντων τῶν ἐν τῇ πόλει κυριωτάτη.

Σκέψασθε δέ, ὦ ἄνδρες· κατηγοροῦσι γάρ μου ὡς ἐγὼ τὴν θεράπαιναν ἐν ἐκείνῃ τῇ ἡμέρᾳ μετελθεῖν ἐκέλευσα τὸν νεανίσκον. Ἐγὼ δέ, ὦ ἄνδρες, δίκαιον μὲν ἂν ποιεῖν ἡγούμην ᾡτινιοῦν τρόπῳ τὸν τὴν γυναῖκα τὴν ἐμὴν διαφθείραντα λαμβάνων (εἰ μὲν γὰρ

λόγων εἰρημένων ἔργου δὲ μηδενὸς γεγενημένου
μετελθεῖν ἐκέλευον ἐκεῖνον, ἠδίκουν ἄν· εἰ δὲ ἤδη
πάντων διαπεπραγμένων καὶ πολλάκις εἰσεληλυθό-
τος εἰς τὴν οἰκίαν τὴν ἐμὴν ᾡτινιοῦν τρόπῳ ἐλάμβα-
νον αὐτόν, σωφρονεῖν ἂν ἐμαυτὸν ἡγούμην). σκέψα-
σθε δὲ ὅτι καὶ ταῦτα ψεύδονται· ῥᾳδίως δὲ ἐκ τῶνδε
γνώσεσθε. Ἐμοὶ γάρ, ὦ ἄνδρες, ὅπερ καὶ πρότερον
εἶπον, φίλος ὢν Σώστρατος καὶ οἰκείως διακείμενος
ἀπαντήσας ἐξ ἀγροῦ περὶ ἡλίου δυσμὰς συνεδείπνει,
καὶ ἐπειδὴ καλῶς εἶχεν αὐτῷ, ἀπιὼν ᾤχετο. Καίτοι
πρῶτον μέν, ὦ ἄνδρες, ἐνθυμήθητε· εἰ ἐν ἐκείνῃ τῇ
νυκτὶ ἐγὼ ἐπεβούλευον Ἐρατοσθένει, πότερον ἦν μοι
κρεῖττον αὐτῷ ἑτέρωθι δειπνεῖν ἢ τὸν συνδειπνή-
σοντά μοι εἰσαγαγεῖν; Οὕτω γὰρ ἂν ἧττον ἐτόλμη-
σεν ἐκεῖνος εἰσελθεῖν εἰς τὴν οἰκίαν. Εἶτα δοκῶ ἂν
ὑμῖν τὸν συνδειπνοῦντα ἀφεὶς μόνος καταλειφθῆναι
καὶ ἔρημος γενέσθαι, ἢ κελεύειν ἐκεῖνον μεῖναι, ἵνα
μετ' ἐμοῦ τὸν μοιχὸν ἐτιμωρεῖτο; Ἔπειτα, ὦ ἄν-
δρες, οὐκ ἂν δοκῶ ὑμῖν τοῖς ἐπιτηδείοις μεθ' ἡμέραν
παραγγεῖλαι, καὶ κελεῦσαι αὐτοὺς συλλεγῆναι εἰς
οἰκίαν τῶν φίλων τὴν ἐγγυτάτω, μᾶλλον ἢ ἐπειδὴ
τάχιστα ᾐσθόμην τῆς νυκτὸς περιτρέχειν, οὐκ εἰδὼς
ὅντινα οἴκοι καταλήψομαι καὶ ὅντινα ἔξω; Καὶ ὡς
Ἁρμόδιον μὲν καὶ τὸν δεῖνα ἦλθον οὐκ ἐπιδημοῦν-
τας (οὐ γὰρ ᾔδειν) ἑτέρους δὲ οὐκ ἔνδον ὄντας κατέ-
λαβον, οὓς δ' οἷός τε ἦν λαβὼν ἐβάδιζον. Καίτοι γε εἰ

προῄδειν, οὐκ ἂν δοκῶ ὑμῖν καὶ θεράποντας παρασκευάσασθαι καὶ τοῖς φίλοις παραγγεῖλαι, ἵν' ὡς ἀσφαλέστατα μὲν αὐτὸς εἰσῇα (τί γὰρ ᾔδειν εἴ τι κἀκεῖνος εἶχε σιδήριον;), ὡς μετὰ πλείστων δὲ μαρτύρων τὴν τιμωρίαν ἐποιούμην; Νῦν δ' οὐδὲν εἰδὼς τῶν ἐσομένων ἐκείνῃ τῇ νυκτί, οὓς οἷός τε ἦν παρέλαβον. Καί μοι ἀνάβητε τούτων μάρτυρες.

ΜΑΡΤΥΡΕΣ

Τῶν μὲν μαρτύρων ἀκηκόατε, ὦ ἄνδρες· σκέψασθε 43 δὲ παρ' ὑμῖν αὐτοῖς οὕτως περὶ τούτου τοῦ πράγματος, ζητοῦντες εἴ τις ἐμοὶ καὶ Ἐρατοσθένει ἔχθρα πώποτε γεγένηται πλὴν ταύτης. Οὐδεμίαν γὰρ εὑρήσετε. Οὔτε γὰρ συκοφαντῶν γραφάς με ἐγρά- 44 ψατο, οὔτε ἐκβάλλειν ἐκ τῆς πόλεως ἐπεχείρησεν, οὔτε ἰδίας δίκας ἐδικάζετο, οὔτε συνῄδει κακὸν οὐδέν, ὃ ἐγὼ δεδιὼς μή τις πύθηται ἐπεθύμουν αὐτὸν ἀπολέσαι, οὔτε εἰ ταῦτα διαπραξαίμην, ἤλπιζόν ποθεν χρήματα λήψεσθαι· ἔνιοι γὰρ τοιούτων πραγμάτων ἕνεκα θάνατον ἀλλήλοις ἐπιβουλεύουσι. Τοσού- 45 του τοίνυν δεῖ ἢ λοιδορία ἢ παροινία ἢ ἄλλη τις διαφορὰ ἡμῖν γεγονέναι, ὥστε οὐδὲ ἑωρακὼς ἦν τὸν ἄνθρωπον πώποτε πλὴν ἐν ἐκείνῃ τῇ νυκτί. Τί ἂν οὖν βουλόμενος ἐγὼ τοιοῦτον κίνδυνον ἐκινδύνευον, εἰ μὴ τὸ μέγιστον τῶν ἀδικημάτων ἦν ὑπ' αὐτοῦ ἠδικημένος; Ἔπειτα παρακαλέσας αὐτὸς μάρτυρας ἠσέβουν, 46 ἐξόν μοι, εἴπερ ἀδίκως ἐπεθύμουν αὐτὸν ἀπολέσαι, μηδένα μοι τούτων συνειδέναι;

47 Ἐγὼ μὲν οὖν, ὦ ἄνδρες, οὐκ ἰδίαν ὑπὲρ ἐμαυτοῦ νομίζω ταύτην γενέσθαι τὴν τιμωρίαν, ἀλλ' ὑπὲρ τῆς πόλεως ἁπάσης· οἱ γὰρ τοιαῦτα πράττοντες, ὁρῶντες οἷα τὰ ἆθλα πρόκειται τῶν τοιούτων ἁμαρτημάτων, ἧττον εἰς τοὺς ἄλλους ἐξαμαρτήσονται, ἐὰν καὶ ὑμᾶς ὁρῶσι τὴν αὐτὴν γνώμην ἔχοντας.
48 Εἰ δὲ μή, πολὺ κάλλιον τοὺς μὲν κειμένους νόμους ἐξαλεῖψαι, ἑτέρους δὲ θεῖναι, οἵτινες τοὺς μὲν φυλάττοντας τὰς ἑαυτῶν γυναῖκας ταῖς ζημίαις ζημιώσουσι, τοῖς δὲ βουλομένοις εἰς αὐτὰς ἁμαρτάνειν
49 πολλὴν ἄδειαν ποιήσουσι. Πολὺ γὰρ οὕτω δικαιότερον ἢ ὑπὸ τῶν νόμων τοὺς πολίτας ἐνεδρεύεσθαι, οἳ κελεύουσι μέν, ἐάν τις μοιχὸν λάβῃ, ὅ τι ἂν οὖν βούληται χρῆσθαι, οἱ δ' ἀγῶνες δεινότεροι τοῖς ἀδικουμένοις καθεστήκασιν ἢ τοῖς παρὰ τοὺς νόμους
50 τὰς ἀλλοτρίας καταισχύνουσι γυναῖκας. Ἐγὼ γὰρ νῦν καὶ περὶ τοῦ σώματος καὶ περὶ τῶν χρημάτων καὶ περὶ τῶν ἄλλων ἁπάντων κινδυνεύω, ὅτι τοῖς τῆς πόλεως νόμοις ἐπιθόμην.

3. Die Rede über den Ölbaumstumpf, vor dem Areopag gehalten (VII)

Der steinige Boden Attikas war für Getreidebau wenig geeignet; dagegen gedieh der Ölbaum (ἐλάα) dort ganz vortrefflich. Auf seine Erträge war hauptsächlich die Landwirtschaft angewiesen, ihm verdankte in erster Linie das Land seine Steuerkraft. Diese Quelle des Wohlstandes zu schützen, war daher seit alters das eifrigste Bestreben des Staates gewesen. Er sorgte nicht nur für die Erhaltung und Vermehrung der auf Staatsgrund befindlichen Ölbäume, sondern er hatte auch die Privatbestände unter den Schutz des Gesetzes gestellt. Kein Athener durfte bei Strafe von 200 Drachmen mehr als 2 Stämme seines Besitzes alljährlich ausheben.

Ganz besondere Fürsorge aber schenkte die Regierung den Ablegern des heiligen Ölbaumes, den nach der Sage Athene selbst auf der Burg hatte hervorsprießen lassen. Diese, μορίαι genannt, waren der Landesgöttin heilig und standen unter dem besonderen Schutze des Zeus μόριος, des Ölbaumhüters. Ihre Ausrottung galt als ἀσέβεια und war bei Todesstrafe verboten.

Sämtliche μορίαι waren Staatseigentum, aber eine große Anzahl von ihnen stand auch auf privatem Grund und Boden. Um sie vor Beschädigung zu schützen, mußte rings um sie ein freier Platz gelassen werden, dessen Bebauung bei hoher Strafe verboten war. Ihre Erträge wurden jährlich vom Staate verpachtet.

Die Oberaufsicht über die μορίαι war dem Areopag übertragen; dieser ernannte von Jahr zu Jahr besondere Aufsichtsbeamte (ἐπιγνώμονες), die die Bestände genau zu revidieren und monatlich über ihren Befund zu berichten hatten. Über etwaige Beschädigungen wurde vom Areopag unter Vorsitz des ἄρχων βασιλεύς entschieden. Die gleichen Bestimmungen galten auch für die Stümpfe jener μορίαι, welche während des Peloponnesischen Krieges und in den darauf folgenden Parteikämpfen ausgehauen oder verbrannt waren. Zum Schutze der aus ihnen entstandenen neuen Triebe mußten die Wurzelstöcke mit einer Umfriedigung versehen werden. Diese hieß σηκός; aber auch der eingefriedigte Stumpf wurde kurz σηκός genannt. Wie die Vernichtung einer μορία, wurde auch die Ausrodung eines solchen Stockes als Gottlosigkeit vom Areopag mit dem Tode bestraft; doch ließ man dem Verurteilten genügend Zeit zur Flucht, so daß tatsächlich die Strafe in Verbannung und Vermögenseinziehung bestand; Verjährung (προθεσμία) trat in diesem Falle nicht ein.

In einen solchen Prozeß ist nun der ungenannte Sprecher dieser Rede verwickelt. Ein gewisser Nikomachos, ein frecher junger Mann, hatte den Beklagten auf Anstiften seiner Feinde und offenbar in sykophantischer Absicht zuerst wegen Vernichtung einer μορία angezeigt; da er aber hierfür unter den Staatspächtern keine Zeugen auftreiben konnte, hatte er die Anklage nachträglich abgeändert und auf das Ausgraben eines σηκός geklagt. Gegen diese Beschuldigungen verteidigt sich der Angeklagte, ein ehrenwerter wohlhabender Landmann, mit Würde und durchschlagender Beweiskraft: er geht wirklich glänzend gerechtfertigt aus dem Kampfe hervor, der Kläger aber, der es gewagt hat, die Ehre seines Mitbürgers so frivol anzutasten, erhält den gerechten Lohn; er wird moralisch vernichtet.

Die Rede, die sich durch die vortreffliche Charakteristik des Sprechers auszeichnet, ist wahrscheinlich erst nach 395 v. Chr. gehalten worden.

3. (VII)
ΑΡΕΟΠΑΓΙΤΙΚΟΣ ΠΕΡΙ ΤΟΥ ΣΗΚΟΥ ΑΠΟΛΟΓΙΑ

Πρότερον μέν, ὦ βουλή, ἐνόμιζον ἐξεῖναι τῷ βουλομένῳ, ἡσυχίαν ἄγοντι, μήτε δίκας ἔχειν μήτε πράγματα· νυνὶ δὲ οὕτως ἀπροσδοκήτως αἰτίαις καὶ πονηροῖς συκοφάνταις περιπέπτωκα, ὥστ', εἴ πως οἷόν τε, δοκεῖ μοι δεῖν καὶ τοὺς μὴ γεγονότας ἤδη δεδιέναι περὶ τῶν μελλόντων ἔσεσθαι· διὰ γὰρ τοὺς τοιούτους οἱ κίνδυνοι κοινοὶ γίγνονται καὶ τοῖς μηδὲν ἀδικοῦσι καὶ τοῖς πολλὰ ἡμαρτηκόσιν. Οὕτω δ' ἄπορος ὁ ἀγών μοι καθέστηκεν, ὥστε ἀπεγράφην τὸ μὲν πρῶτον ἐλάαν ἐκ τῆς γῆς ἀφανίζειν, καὶ πρὸς τοὺς ἐωνημένους τοὺς καρποὺς τῶν μοριῶν πυνθανόμενοι προσῇσαν· ἐπειδὴ δ' ἐκ τούτου τοῦ τρόπου ἀδικοῦντά με οὐδὲν εὑρεῖν ἐδυνήθησαν, νυνί με σηκόν φασιν ἀφανίζειν, ἡγούμενοι ἐμοὶ μὲν ταύτην τὴν αἰτίαν ἀπορωτάτην εἶναι ἀπελέγξαι, αὐτοῖς δὲ ἐξεῖναι μᾶλλον ὅ τι ἂν βούλωνται λέγειν. Καὶ δεῖ με, περὶ ὧν οὗτος ἐπιβεβουλευκὼς ἥκει, ἅμ' ὑμῖν τοῖς διαγνωσομένοις περὶ τοῦ πράγματος ἀκούσαντα καὶ

1

2

3

περὶ τῆς πατρίδος καὶ περὶ τῆς οὐσίας ἀγωνίσασθαι. Ὅμως δὲ πειράσομαι ἐξ ἀρχῆς ὑμᾶς διδάξαι.

4   Ἦν μὲν γὰρ τοῦτο Πεισάνδρου τὸ χωρίον, δημευθέντων δὲ τῶν ὄντων ἐκείνου Ἀπολλόδωρος ὁ Μεγαρεὺς δωρεὰν παρὰ τοῦ δήμου λαβὼν τὸν μὲν ἄλλον χρόνον ἐγεώργει, ὀλίγῳ δὲ πρὸ τῶν τριάκοντα Ἀντικλῆς παρ' αὐτοῦ πριάμενος ἐξεμίσθωσεν· ἐγὼ
5   δὲ παρ' Ἀντικλέους εἰρήνης οὔσης ἐωνούμην. Ἡγοῦμαι τοίνυν, ὦ βουλή, ἐμὸν ἔργον ἀποδεῖξαι, ὡς, ἐπειδὴ τὸ χωρίον ἐκτησάμην, οὔτ' ἐλάα οὔτε σηκὸς ἐνῆν ἐν αὐτῷ· νομίζω γὰρ τοῦ μὲν προτέρου χρόνου, οὐδ' εἰ πάλαι ἐνῆσαν μορίαι, οὐκ ἂν δικαίως ζημιοῦσθαι· εἰ γὰρ μὴ δι' ἡμᾶς εἰσιν ἠφανισμέναι, οὐδὲν προσήκει περὶ τῶν ἀλλοτρίων ἁμαρτημάτων ὡς ἀδικοῦντας
6   κινδυνεύειν. Πάντες γὰρ ἐπίστασθε, ὅτι ὁ πόλεμος καὶ ἄλλων πολλῶν αἴτιος κακῶν γεγένηται καὶ τὰ μὲν πόρρω ὑπὸ Λακεδαιμονίων ἐτέμνετο, τὰ δ' ἐγγὺς ὑπὸ τῶν φίλων διηρπάζετο· ὥστε πῶς ἂν δικαίως ὑπὲρ τῶν τότε τῇ πόλει γεγενημένων συμφορῶν ἐγὼ νυνὶ δίκην διδοίην; Ἄλλως τε καὶ τοῦτο τὸ χωρίον ἐν τῷ πολέμῳ δημευθὲν ἄπρατον ἦν πλεῖν ἢ τρία ἔτη, οὐ θαυμαστὸν εἰ τότε τὰς μορίας ἐξέκοπτον, ἐν ᾧ οὐδὲ τὰ ἡμέτερ' αὐτῶν φυλάττειν ἐδυνά-
7   μεθα. Ἐπίστασθε δέ, ὦ βουλή, ὅσοι μάλιστα τῶν τοιούτων ἐπιμέλεσθε, πολλὰ ἐν ἐκείνῳ τῷ χρόνῳ δασέα ὄντα ἰδίαις καὶ μορίαις ἐλάαις, ὧν νῦν τὰ

πολλὰ ἐκκέκοπται καὶ ἡ γῆ ψιλὴ γεγένηται· καὶ τῶν
αὐτῶν καὶ ἐν τῇ εἰρήνῃ καὶ ἐν τῷ πολέμῳ κεκτημέ-
νων οὐκ ἀξιοῦτε παρ' αὐτῶν, ἑτέρων ἐκκοψάντων,
δίκην λαμβάνειν. Καίτοι εἰ τοὺς διὰ παντὸς τοῦ 8
χρόνου γεωργοῦντας τῆς αἰτίας ἀφίετε, ἦ που χρὴ
τούς γ' ἐν τῇ εἰρήνῃ πριαμένους ἀφ' ὑμῶν ἀζημίους
γενέσθαι.

Ἀλλὰ γάρ, ὦ βουλή, περὶ μὲν τῶν πρότερον γε- 9
γενημένων πολλὰ ἔχων εἰπεῖν ἱκανὰ νομίζω τὰ
εἰρημένα· ἐπειδὴ δ' ἐγὼ παρέλαβον τὸ χωρίον, πρὶν
ἡμέρας πέντε γενέσθαι, ἀπεμίσθωσα Καλλιστράτῳ,
ἐπὶ Πυθοδώρου ἄρχοντος· ὃς δύο ἔτη ἐγεώργησεν, 10
οὔτε ἰδίαν ἐλάαν οὔτε μορίαν οὔτε σηκὸν παραλα-
βών. Τρίτῳ δὲ ἔτει Δημήτριος οὑτοσὶ εἰργάσατο
ἐνιαυτόν· τῷ δὲ τετάρτῳ Ἀλκίᾳ Ἀντισθένους
ἀπελευθέρῳ ἐμίσθωσα, ὃς τέθνηκε· κᾆτα τρία ἔτη
ὁμοίως καὶ Πρωτέας ἐμισθώσατο. Καί μοι δεῦρο
ἴτε.

ΜΑΡΤΥΡΕΣ

Ἐπειδὴ τοίνυν ὁ χρόνος οὗτος ἐξήκει, αὐτὸς γε- 11
ωργῶ. Φησὶ δ' ὁ κατήγορος ἐπὶ Σουνιάδου ἄρχον-
τος σηκὸν ὑπ' ἐμοῦ ἐκκεκόφθαι. Ὑμῖν δὲ μεμαρ-
τυρήκασιν οἱ πρότερον ἐργαζόμενοι καὶ πολλὰ ἔτη
παρ' ἐμοῦ μεμισθωμένοι μὴ εἶναι σηκὸν ἐν τῷ
χωρίῳ. Καίτοι πῶς ἄν τις φανερώτερον ἐξελέγξειε

ψευδόμενον τὸν κατήγορον; Οὐ γὰρ οἷόν τε, ἃ πρότερον μὴ ἦν, ταῦτα τὸν ὕστερον ἐργαζόμενον ἀφανίζειν.

12 Ἐγὼ τοίνυν, ὦ βουλή, ἐν μὲν τῷ τέως χρόνῳ, ὅσοι με φάσκοιεν δεινὸν εἶναι καὶ ἀκριβῆ καὶ οὐδὲν ἂν εἰκῇ καὶ ἀλογίστως ποιῆσαι, ἠγανάκτουν ἄν, ἡγούμενος μᾶλλον λέγεσθαι ἢ ὥς μοι προσῆκε· νῦν δὲ πάντας ἂν ὑμᾶς βουλοίμην περὶ ἐμοῦ ταύτην τὴν γνώμην ἔχειν, ἵνα ἡγῆσθέ με σκοπεῖν ἄν, εἴπερ τοιούτοις ἔργοις ἐπεχείρουν, καὶ ὅ τι κέρδος ἐγίγνετό μοι ἀφανίσαντι καὶ ἥτις ζημία περιποιήσαντι, καὶ τί ἂν λαθὼν διεπραξάμην καὶ τί ἂν φανερὸς
13 γενόμενος ὑφ' ὑμῶν ἔπασχον. Πάντες γὰρ ἄνθρωποι τὰ τοιαῦτα οὐχ ὕβρεως ἀλλὰ κέρδους ἕνεκα ποιοῦσι, καὶ ὑμᾶς εἰκὸς οὕτω σκοπεῖν, καὶ τοὺς ἀντιδίκους ἐκ τούτων τὰς κατηγορίας ποιεῖσθαι, ἀποφαίνοντας
14 ἥτις ὠφέλεια τοῖς ἀδικήσασιν ἐγίγνετο. Οὗτος μέντοι οὐκ ἂν ἔχοι ἀποδεῖξαι οὔθ' ὡς ὑπὸ πενίας ἠναγκάσθην τοιούτοις ἔργοις ἐπιχειρεῖν, οὔθ' ὡς τὸ χωρίον μοι διεφθείρετο τοῦ σηκοῦ ὄντος, οὔθ' ὡς ἀμπέλοις ἐμποδὼν ἦν, οὔθ' ὡς οἰκίας ἐγγύς, οὔθ' ὡς ἐγὼ ἄπειρος τῶν παρ' ὑμῖν κινδύνων, εἴ τι τοιοῦτον ἔπραττον· πολλὰς ἂν καὶ μεγάλας
15 ἐμαυτῷ ζημίας γενομένας ἀποφήναιμι· ὃς πρῶτον μὲν μεθ' ἡμέραν ἐξέκοπτον τὸν σηκόν, ὥσπερ οὐ πάντας λαθεῖν δέον, ἀλλὰ πάντας Ἀθηναίους εἰδέ-

ναι. Καὶ εἰ μὲν αἰσχρὸν ἦν μόνον τὸ πρᾶγμα, ἴσως
ἄν τις τῶν παριόντων ἠμέλησε· νῦν δ' οὐ περὶ αἰ-
σχύνης ἀλλὰ τῆς μεγίστης ζημίας ἐκινδύνευον. Πῶς 16
δ' οὐκ ἂν ἦν ἀθλιώτατος ἀνθρώπων ἁπάντων, εἰ
τοὺς ἐμαυτοῦ θεράποντας μηκέτι δούλους ἔμελλον
ἕξειν ἀλλὰ δεσπότας τὸν λοιπὸν βίον, τοιοῦτον
ἔργον συνειδότας; Ὥστε εἰ καὶ τὰ μέγιστα εἰς ἐμὲ
ἐξημάρτανον, οὐκ ἂν οἷόν τ' ἦν δίκην με παρ' αὐτῶν
λαμβάνειν· εὖ γὰρ ἂν ἤδη, ὅτι ἐπ' ἐκείνοις ἦν καὶ ἐμὲ
τιμωρήσασθαι καὶ αὐτοῖς μηνύσασιν ἐλευθέροις
γενέσθαι. Ἔτι τοίνυν εἰ τῶν οἰκετῶν παρέστη μοι 17
μηδὲν φροντίζειν, πῶς ἂν ἐτόλμησα τοσούτων με-
μισθωμένων καὶ ἁπάντων συνειδότων ἀφανίσαι τὸν
σηκὸν βραχέος μὲν κέρδους ἕνεκα, προθεσμίας δὲ
οὐδεμιᾶς οὔσης τῷ κινδύνῳ τοῖς εἰργασμένοις ἅπασι
τὸ χωρίον ὁμοίως προσῆκον εἶναι σῶν τὸν σηκόν, ἵν'
εἴ τις αὐτοὺς ἠτιᾶτο, εἶχον ἀνενεγκεῖν ὅτῳ παρέ-
δοσαν; Νῦν δὲ καὶ ἐμὲ ἀπολύσαντες φαίνονται, καὶ
σφᾶς αὐτούς, εἴπερ ψεύδονται, μετόχους τῆς αἰτίας
καθιστάντες. Εἰ τοίνυν καὶ ταῦτα παρεσκευασάμην, 18
πῶς ἂν οἷός τ' ἦν πάντας πεῖσαι τοὺς παριόντας, ἢ
τοὺς γείτονας, οἳ οὐ μόνον ἀλλήλων ταῦτ' ἴσασιν ἃ
πᾶσιν ὁρᾶν ἔξεστιν, ἀλλὰ καὶ περὶ ὧν ἀποκρυπτό-
μεθα μηδένα εἰδέναι, καὶ περὶ ἐκείνων πυνθάνονται;
Ἐμοὶ τοίνυν τούτων οἱ μὲν φίλοι, οἱ δὲ διάφοροι
περὶ τῶν ἐμῶν τυγχάνουσιν ὄντες· οὓς ἐχρῆν τοῦτον 19

παρασχέσθαι μάρτυρας, καὶ μὴ μόνον οὕτως τολμηρὰς κατηγορίας ποιεῖσθαι· ὅς φησιν ὡς ἐγὼ μὲν παρειστήκειν, οἱ δ' οἰκέται ἐξέτεμνον τὰ πρέμνα, ἀναθέμενος δὲ ὁ βοηλάτης ᾤχετο ἀπάγων τὰ ξύλα.

20 Καίτοι, ὦ Νικόμαχε, χρῆν σε τότε καὶ παρακαλεῖν τοὺς παρόντας μάρτυρας, καὶ φανερὸν ποιεῖν τὸ πρᾶγμα· καὶ ἐμοὶ μὲν οὐδεμίαν ἂν ἀπολογίαν ὑπέλιπες, αὐτὸς δέ, εἰ μέν σοι ἐχθρὸς ἦν, ἐν τούτῳ τῷ τρόπῳ ἦσθα ἄν με τετιμωρημένος, εἰ δὲ τῆς πόλεως ἕνεκα ἔπραττες, οὕτως ἐξελέγξας οὐκ ἂν ἐδόκεις
21 εἶναι συκοφάντης, εἰ δὲ κερδαίνειν ἐβούλου, τότ' ἂν πλεῖστον ἔλαβες· φανεροῦ γὰρ ὄντος τοῦ πράγματος οὐδεμίαν ἄλλην ἡγούμην ἂν εἶναί μοι σωτηρίαν ἢ σὲ πεῖσαι. Τούτων τοίνυν οὐδὲν ποιήσας διὰ τοὺς σοὺς λόγους ἀξιοῖς με ἀπολέσθαι, καὶ κατηγορεῖς ὡς ὑπὸ τῆς ἐμῆς δυνάμεως καὶ τῶν ἐμῶν χρημάτων οὐδεὶς
22 ἐθέλει σοι μαρτυρεῖν. Καίτοι εἰ ὅτε φής μ' ἰδεῖν τὴν μορίαν ἀφανίζοντα τοὺς ἐννέα ἄρχοντας ἐπήγαγες ἢ ἄλλους τινὰς τῶν ἐξ Ἀρείου πάγου, οὐκ ἂν ἑτέρων ἔδει σοι μαρτύρων· οὕτω γὰρ ἄν σοι συνῄδεσαν ἀληθῆ λέγοντι, οἵπερ καὶ διαγιγνώσκειν ἔμελλον περὶ τοῦ πράγματος.

23 Δεινότατα οὖν πάσχω, ὅσῳ εἰ μὲν παρέσχετο μάρτυρας, τούτοις ἂν ἠξίου πιστεύειν, ἐπειδὴ δὲ οὐκ εἰσὶν αὐτῷ, ἐμοὶ καὶ ταύτην ζημίαν οἴεται χρῆναι γενέσθαι. Καὶ τούτου μὲν οὐ θαυμάζω· οὐ γὰρ

δήπου συκοφαντῶν ἅμα τοιούτων τε λόγων ἀπορή-
σει καὶ μαρτύρων· ὑμᾶς δ' οὐκ ἀξιῶ τὴν αὐτὴν τού-
τῳ γνώμην ἔχειν. Ἐπίστασθε γὰρ ἐν τῷ πεδίῳ πολ- 24
λὰς μορίας οὔσας καὶ πυρκαϊὰς ἐν τοῖς ἄλλοις τοῖς
ἐμοῖς χωρίοις, ἅς, εἴπερ ἐπεθύμουν, πολὺ ἦν ἀσφα-
λέστερον καὶ ἀφανίσαι καὶ ἐκκόψαι καὶ ἐπεργά-
σασθαι, ὅσῳπερ ἧττον τὸ ἀδίκημα πολλῶν οὐσῶν
ἔμελλε δῆλον ἔσεσθαι. Νῦν δ' οὕτως αὐτὰς περὶ 25
πολλοῦ ποιοῦμαι ὥσπερ καὶ τὴν πατρίδα καὶ τὴν
ἄλλην οὐσίαν, ἡγούμενος περὶ ἀμφοτέρων τούτων
εἶναί μοι τὸν κίνδυνον. Αὐτοὺς τοίνυν ὑμᾶς τούτων
μάρτυρας παρέξομαι, ἐπιμελουμένους μὲν ἑκάστου
μηνός, ἐπιγνώμονας δὲ πέμποντας καθ' ἕκαστον
ἐνιαυτόν· ὧν οὐδεὶς πώποτ' ἐζημίωσέ μ' ὡς ἐργαζό-
μενον τὰ περὶ τὰς μορίας χωρία. Καίτοι οὐ δήπου 26
τὰς μὲν μικρὰς ζημίας οὕτω περὶ πολλοῦ ποιοῦμαι,
τοὺς δὲ περὶ τοῦ σώματος κινδύνους οὕτω περὶ οὐδε-
νὸς ἡγοῦμαι. Καὶ τὰς μὲν πολλὰς ἐλάας, εἰς ἃς ἐξῆν
μᾶλλον ἐξαμαρτάνειν, οὕτω θεραπεύων φαίνομαι,
τὴν δὲ μίαν μορίαν, ἣν οὐχ οἷόν τ' ἦν λαθεῖν ἐξορύ-
ξαντα, ὡς ἀφανίζων νυνὶ κρίνομαι· Πότερον δέ μοι 27
κρεῖττον ἦν, ὦ βουλή, δημοκρατίας οὔσης παρανο-
μεῖν ἢ ἐπὶ τῶν τριάκοντα; Καὶ οὐ λέγω ὡς τότε
δυνάμενος ἢ ὡς νῦν διαβεβλημένος, ἀλλ' ὡς τῷ
βουλομένῳ τότε μᾶλλον ἐξῆν ἀδικεῖν ἢ νυνί. Ἐγὼ
τοίνυν οὐδ' ἐν ἐκείνῳ χρόνῳ οὔτε τοιοῦτον οὔτε ἄλλο

28 οὐδὲν κακὸν ποιήσας φανήσομαι. Πῶς δ' ἄν, εἰ μὴ πάντων ἀνθρώπων ἐμαυτῷ κακονούστατος ἦν, ὑμῶν οὕτως ἐπιμελουμένων ἐκ τούτου τὴν μορίαν ἀφανίζειν ἐπεχείρησα τοῦ χωρίου, ἐν ᾧ δένδρον μὲν οὐδὲ ἕν ἐστι, μιᾶς δὲ ἐλάας σηκός, ὡς οὗτός φησιν, ἦν, κυκλόθεν δὲ ὁδὸς περιέχει, ἀμφοτέρωθεν δὲ γείτονες περιοικοῦσιν, ἄερκτον δὲ καὶ πανταχόθεν κάτοπτόν ἐστιν; Ὥστε τίς ἂν ἀπετόλμησε, τούτων
29 οὕτως ἐχόντων, ἐπιχειρῆσαι τοιούτῳ πράγματι; Δεινὸν δέ μοι δοκεῖ εἶναι ὑμᾶς μέν, οἷς ὑπὸ τῆς πόλεως τὸν ἅπαντα χρόνον προστέτακται τῶν μοριῶν ἐλαῶν ἐπιμελεῖσθαι, μήθ' ὡς ἐπεργαζόμενον πώποτε ζημιῶσαί με μήθ' ὡς ἀφανίσαντα εἰς κίνδυνον καταστῆσαι, τοῦτον δ', ὃς οὔτε γεωργῶν ἐγγὺς τυγχάνει οὔτ' ἐπιμελητὴς ᾑρημένος οὔθ' ἡλικίαν ἔχων εἰδέναι περὶ τῶν τοιούτων, ἀπογράψαι με ἐκ γῆς μορίαν ἀφανίζειν.

30 Ἐγὼ τοίνυν δέομαι ὑμῶν μὴ τοὺς τοιούτους λόγους πιστοτέρους ἡγήσασθαι τῶν ἔργων, μηδὲ περὶ ὧν αὐτοὶ σύνιστε, τοιαῦτ' ἀνασχέσθαι τῶν ἐμῶν ἐχθρῶν λεγόντων, ἐνθυμουμένους καὶ ἐκ τῶν εἰρη-
31 μένων καὶ ἐκ τῆς ἄλλης πολιτείας. Ἐγὼ γὰρ τὰ ἐμοὶ προστεταγμένα ἅπαντα προθυμότερον πεποίηκα, ἢ ὡς ὑπὸ τῆς πόλεως ἠναγκαζόμην, καὶ τριηραρχῶν καὶ εἰσφορὰς εἰσφέρων καὶ χορηγῶν καὶ τἆλλα λῃτουργῶν οὐδενὸς ἧττον πολυτελῶς τῶν πο-

λιτῶν. Καίτοι ταῦτα μὲν μετρίως ποιῶν ἀλλὰ μὴ 32
προθύμως οὔτ' ἂν περὶ φυγῆς οὔτ' ἂν περὶ τῆς ἄλλης
οὐσίας ἠγωνιζόμην, πλείω δ' ἂν ἐκεκτήμην, οὐδὲν
ἀδικῶν οὐδ' ἐπικίνδυνον ἐμαυτῷ καταστήσας τὸν
βίον· ταῦτα δὲ πράξας, ἃ οὗτός μου κατηγορεῖ, ἐκέρ-
δαινον μὲν οὐδέν, ἐμαυτὸν δ' εἰς κίνδυνον καθίστην.
Καίτοι πάντες ἂν ὁμολογήσαιτε δικαιότερον εἶναι 33
τοῖς μεγάλοις χρῆσθαι τεκμηρίοις περὶ τῶν μεγά-
λων, καὶ πιστότερα ἡγεῖσθαι περὶ ὧν ἅπασα ἡ πόλις
μαρτυρεῖ, μᾶλλον ἢ περὶ ὧν μόνος κατηγορεῖ.

Ἔτι τοίνυν, ὦ βουλή, ἐκ τῶν ἄλλων σκέψασθε. 34
μάρτυρας γὰρ ἔχων αὐτῷ προσῆλθον, λέγων ὅτι μοι
πάντες ἔτι εἰσὶν οἱ θεράποντες, οὓς ἐκεκτήμην ἐπει-
δὴ παρέλαβον τὸ χωρίον, καὶ ἕτοιμός εἰμι, εἴ τινα
βούλοιτο, παραδοῦναι βασανίζειν, ἡγούμενος οὕτως
ἂν τὸν ἔλεγχον ἰσχυρότερον γενέσθαι τῶν τούτου
λόγων καὶ τῶν ἔργων τῶν ἐμῶν. Οὗτος δ' οὐκ 35
ἤθελεν, οὐδὲν φάσκων πιστὸν εἶναι τοῖς θεράπου-
σιν. Ἐμοὶ δὲ δοκεῖ θαυμαστὸν εἶναι, εἰ περὶ αὑτῶν
μὲν οἱ βασανιζόμενοι κατηγοροῦσιν, εὖ εἰδότες
ὅτι ἀποθανοῦνται, περὶ δὲ τῶν δεσποτῶν, οἷς
πεφύκασι κακονούστατοι, μᾶλλον ἂν ἕλοιντο ἀνέχε-
σθαι βασανιζόμενοι ἢ κατειπόντες ἀπηλλάχθαι τῶν
παρόντων κακῶν. Καὶ μὲν δή, ὦ βουλή, φανερὸν 36
οἶμαι εἶναι πᾶσιν ὅτι, εἰ Νικομάχου ἐξαιτοῦντος
τοὺς ἀνθρώπους μὴ παρεδίδουν, ἐδόκουν ἂν ἐμαυτῷ

συνειδέναι· ἐπειδὴ τοίνυν ἐμοῦ παραδιδόντος οὗτος παραλαβεῖν οὐκ ἤθελε, δίκαιον καὶ περὶ τούτου τὴν αὐτὴν γνώμην σχεῖν, ἄλλως τε καὶ τοῦ κινδύνου οὐκ
37 ἴσου ἀμφοτέροις ὄντος. Περὶ ἐμοῦ μὲν γὰρ εἰ ἔλεγον ἃ οὗτος ἐβούλετο, οὐδ' ἂν ἀπολογήσασθαί μοι ἐξεγένετο· τούτῳ δ' εἰ μὴ ὡμολόγουν, οὐδεμιᾷ ζημίᾳ ἔνοχος ἦν. Ὥστε πολὺ μᾶλλον τοῦτον παραλαμβάνειν ἐχρῆν ἢ ἐμὲ παραδοῦναι προσῆκεν. Ἐγὼ τοίνυν εἰς τοῦτο προθυμίας ἀφικόμην, ἡγούμενος μετ' ἐμοῦ εἶναι καὶ ἐκ βασάνων καὶ ἐκ μαρτύρων καὶ ἐκ τεκμηρίων ὑμᾶς περὶ τοῦ πράγματος τἀληθῆ πυθέσθαι.
38 Ἐνθυμεῖσθαι δὲ χρή, ὦ βουλή, ποτέροις χρὴ πιστεύειν μᾶλλον, οἷς πολλοὶ μεμαρτυρήκασιν ἢ ᾧ μηδεὶς τετόλμηκε, καὶ πότερον εἰκὸς μᾶλλον τοῦτον ἀκινδύνως ψεύδεσθαι ἢ μετὰ τοσούτου κινδύνου τοιοῦτον ἐμὲ ἔργον ἐργάσασθαι, καὶ πότερον οἴεσθε αὐτὸν ὑπὲρ τῆς πόλεως βοηθεῖν ἢ συκοφαντοῦντα
39 αἰτιᾶσθαι. Ἐγὼ μὲν γὰρ ὑμᾶς ἡγοῦμαι νομίζειν ὅτι Νικόμαχος ὑπὸ τῶν ἐχθρῶν πεισθεὶς τῶν ἐμῶν τοῦτον τὸν ἀγῶνα ἀγωνίζεται, οὐχ ὡς ἀδικοῦντα ἐλπίζων ἀποδείξειν, ἀλλ' ὡς ἀργύριον παρ' ἐμοῦ λήψεσθαι προσδοκῶν. Ὅσῳ γὰρ οἱ τοιοῦτοί εἰσιν ἐπαιτιώτατοι καὶ ἀπορώτατοι τῶν κινδύνων, τοσού-
40 τῳ πάντες αὐτοὺς φεύγουσι μάλιστα. Ἐγὼ δέ, ὦ βουλή, οὐκ ἠξίουν, ἀλλ' ἐπειδήπερ με ᾐτιάσατο, παρ-

ἔσχον ἐμαυτὸν ὅ τι βούλεσθε χρῆσθαι, καὶ τούτου ἕνεκα τοῦ κινδύνου οὐδενὶ ἐγὼ τῶν ἐχθρῶν διηλλάγην, οἳ ἐμὲ ἥδιον κακῶς λέγουσιν ἢ σφᾶς αὐτοὺς ἐπαινοῦσι, καὶ φανερῶς μὲν οὐδεὶς πώποτε ἐμὲ αὐτῶν ἐπεχείρησε ποιῆσαι κακὸν οὐδέν, τοιούτους δὲ ἐπιπέμπουσί μοι, οἷς ὑμεῖς οὐκ ἂν δικαίως πιστεύοιτε. Πάντων γὰρ ἀθλιώτατος ἂν γενοίμην, εἰ φυγὰς 41 ἀδίκως καταστήσομαι, ἄπαις μὲν ὢν καὶ μόνος, ἐρήμου δὲ τοῦ οἴκου γενομένου, μητρὸς δὲ πάντων ἐνδεοῦς οὔσης, πατρίδος δὲ τοιαύτης ἐπ᾽ αἰσχίσταις στερηθεὶς αἰτίαις, πολλὰς μὲν ναυμαχίας ὑπὲρ αὐτῆς νεναυμαχηκώς, πολλὰς δὲ μάχας μεμαχημένος, κόσμιον δ᾽ ἐμαυτὸν καὶ ἐν δημοκρατίᾳ καὶ ἐν ὀλιγαρχίᾳ παρασχών.

Ἀλλὰ γάρ, ὦ βουλή, ταῦτα μὲν ἐνθάδε οὐκ οἶδ᾽ ὅ 42 τι δεῖ λέγειν· ἀπέδειξα δ᾽ ὑμῖν, ὡς οὐκ ἐνῆν σηκὸς ἐν τῷ χωρίῳ, καὶ μάρτυρας παρεσχόμην καὶ τεκμήρια. Ἃ χρὴ μεμνημένους διαγιγνώσκειν περὶ τοῦ πράγματος καὶ ἀξιοῦν παρὰ τούτου πυθέσθαι, ὅτου ἕνεκα, ἐξὸν ἐπ᾽ αὐτοφώρῳ ἐλέγξαι, τοσούτῳ χρόνῳ ὕστερον εἰς τοσοῦτόν με κατέστησεν ἀγῶνα, καὶ 43 μάρτυρα οὐδένα παρασχόμενος ἐκ τῶν λόγων ζητεῖ πιστὸς γενέσθαι, ἐξὸν αὐτοῖς ἔργοις ἀδικοῦντα ἀποδεῖξαι καὶ ἐμοῦ ἅπαντας διδόντος τοὺς θεράποντας, οὕς φησι παραγενέσθαι, παραλαβεῖν οὐκ ἤθελεν.

4. Die Rede für Mantitheos (XVI)

Die athenischen Ritter hatten während der Regierungszeit der „Dreißig" und nach deren Sturz in den Kämpfen zwischen den Oligarchen und der Piräuspartei stets auf der Seite der Oligarchen gestanden und sich dadurch bei den Demokraten ganz besonders verhaßt gemacht. Infolgedessen war gleich nach der Wiederherstellung der Verfassung ein Volksbeschluß zustande gekommen, der die Auflösung des gesamten Reiterkorps bestimmte und von allen, die unter den „Dreißig" Reiterdienste geleistet hatten, die Rückerstattung der κατάστασις, d. h. der vom Staate gelieferten Ausrüstungsgelder, verlangte. Mit der Einziehung dieser Gelder waren die σύνδικοι beauftragt, eine besondere Behörde, die für die Regelung der Entschädigungsansprüche der vertriebenen Demokraten eingesetzt war.

Da aber das unter den „Dreißig" aufgestellte Verzeichnis der Reiter, das auf geweißte Holztafeln (σανίδες oder σανίδια) geschrieben war, vielfache Ungenauigkeiten und Fälschungen aufwies, so hatten die σύνδικοι den neuernannten Phylarchen (= Reiterführern) jeder Phyle den Auftrag gegeben, ein neues wahrheitsgemäßes Verzeichnis der Reiter anzufertigen, und sie für die gewissenhafte Ausführung dieses Auftrages mit ihrem Vermögen haftbar gemacht.

So unbequem nun auch die Rückzahlung der κατάστασις den Beteiligten sein mochte, so war sie doch rein administrativer Natur und hatte für den einzelnen nichts Verletzendes. Weit schlimmer war die politische Verfemung, die die Veröffentlichung jener Listen für die gewesenen Reiter zur Folge hatte. Die Zugehörigkeit zu der verhaßten Truppe galt als ein Makel, der von den öffentlichen Ämtern ausschloß oder die Zulassung doch sehr erschwerte. Späterhin scheint man es freilich nicht mehr so genau genommen zu haben; denn es wird ausdrücklich erwähnt (8), daß manche der Reiter wieder zu Amt und Würden gekommen sind. Daß man aber selbst ein volles Jahrzehnt nach dem Friedensschluß den alten Groll noch nicht ganz vergessen hatte und ihn gelegentlich wieder auffrischte, um die Wahl einer mißliebigen Persönlichkeit zu hintertreiben, beweist der in unserer Rede behandelte Fall.

Mantitheos, ein junger Mann aus vornehmer Familie, war durch das Los zum Ratsherrn bestimmt worden. Eine gerade und offene Natur, als Bürger und Soldat gleich ausgezeichnet, wäre er schon für das Amt der rechte Mann gewesen; aber seine rauhe und etwas ungestüme Art hatte Anstoß erregt; als er sich daher der vorgeschriebenen Prüfung vor dem alten Rate unterzog (vgl. S. 18, δοκιμασία), erhoben seine Gegner Einspruch mit der Begründung, er habe zur Zeit der „Dreißig" Reiterdienste getan.

Auf diesen Angriff erwidert der Beklagte rein sachlich und mit rücksichtsloser Darlegung seines Lebensganges unter besonderer Hervorhebung seiner kriegerischen Verdienste. In Übereinstimmung mit dem kurzangebundenen Wesen des Sprechers ist der Ton der Rede selbstbewußt und schroff, zum Teil sogar herausfordernd; der Redner will nichts als sein gutes Recht und verschmäht es, durch unwürdige Bitten die Gunst der Richter zu erschleichen. Daraus erklärt sich auch das Fehlen des üblichen Epilogs; zur Annahme, daß der Schluß der Rede verloren gegangen sei, liegt durchaus kein Grund vor.

Die Zeit der Rede ergibt sich aus Kap. 15 und 16; sie ist

gehalten einige Zeit nach der Schlacht am Nemea-Bache (394) und vor dem Tode Thrasybuls (389), dessen Verspottung (§ 15) offenbar dem noch Lebenden gilt, also um das Jahr 391 v. Chr.

4. (XVI)
ΕΝ ΒΟΥΛΗΙ
ΜΑΝΤΙΘΕΩΙ ΔΟΚΙΜΑΖΟΜΕΝΩΙ
ΑΠΟΛΟΓΙΑ

1 Εἰ μὴ συνῄδειν, ὦ βουλή, τοῖς κατηγόροις βουλομένοις ἐκ παντὸς τρόπου κακῶς ἐμὲ ποιεῖν, πολλὴν ἂν αὐτοῖς χάριν εἶχον ταύτης τῆς κατηγορίας· ἡγοῦμαι γὰρ τοῖς ἀδίκως διαβεβλημένοις τούτους εἶναι μεγίστων ἀγαθῶν αἰτίους, οἵτινες ἂν αὐτοὺς ἀναγκάζωσιν εἰς ἔλεγχον τῶν αὐτοῖς βεβιωμένων 2 καταστῆναι. Ἐγὼ γὰρ οὕτω σφόδρα ἐμαυτῷ πιστεύω, ὥστ᾽ ἐλπίζω καὶ εἴ τις πρός με τυγχάνει ἀηδῶς διακείμενος, ἐπειδὰν ἐμοῦ λέγοντος ἀκούσῃ περὶ τῶν πεπραγμένων, μεταμελήσειν αὐτῷ καὶ πολὺ βελτίω 3 με εἰς τὸν λοιπὸν χρόνον ἡγήσεσθαι. Ἀξιῶ δέ, ὦ βουλή, ἐὰν μὲν τοῦτο μόνον ὑμῖν ἐπιδείξω, ὡς εὔνους εἰμὶ τοῖς καθεστηκόσι πράγμασι καὶ ὡς ἠνάγκασμαι τῶν αὐτῶν κινδύνων μετέχειν ὑμῖν, μηδέν πώ μοι πλέον εἶναι· ἐὰν δὲ φαίνωμαι καὶ περὶ τὰ ἄλλα μετρίως βεβιωκὼς καὶ πολὺ παρὰ τὴν δόξαν καὶ παρὰ τοὺς λόγους τοὺς τῶν ἐχθρῶν, δέομαι ὑμῶν ἐμὲ μὲν

δοκιμάζειν, τούτους δὲ ἡγεῖσθαι χείρους εἶναι. Πρῶτον δὲ ἀποδείξω ὡς οὐχ ἵππευον οὐδ' ἐπεδήμουν ἐπὶ τῶν τριάκοντα, οὐδὲ μετέσχον τῆς τότε πολιτείας.

Ἡμᾶς γὰρ ὁ πατὴρ πρὸ τῆς ἐν Ἑλλησπόντῳ 4 συμφορᾶς ὡς Σάτυρον τὸν ἐν τῷ Πόντῳ διαιτησομένους ἐξέπεμψε, καὶ οὔτε τῶν τειχῶν καθαιρουμένων ἐπεδημοῦμεν οὔτε μεθισταμένης τῆς πολιτείας, ἀλλ' ἤλθομεν πρὶν τοὺς ἀπὸ Φυλῆς εἰς τὸν Πειραιᾶ κατελθεῖν πρότερον πένθ' ἡμέραις. Καίτοι 5 οὔτε ἡμᾶς εἰκὸς ἦν εἰς τοιοῦτον καιρὸν ἀφιγμένους ἐπιθυμεῖν μετέχειν τῶν ἀλλοτρίων κινδύνων, οὔτ' ἐκεῖνοι φαίνονται τοιαύτην γνώμην ἔχοντες, ὥστε καὶ τοῖς ἀποδημοῦσι καὶ τοῖς μηδὲν ἐξαμαρτάνουσι μεταδιδόναι τῆς πολιτείας, ἀλλὰ μᾶλλον ἠτίμαζον καὶ τοὺς συγκαταλύσαντας τὸν δῆμον. Ἔπειτα δὲ ἐκ 6 μὲν τοῦ σανιδίου τοὺς ἱππεύσαντας σκοπεῖν εὐηθές ἐστιν· ἐν τούτῳ γὰρ πολλοὶ μὲν τῶν ὁμολογούντων ἱππεύειν οὐκ ἔνεισιν, ἔνιοι δὲ τῶν ἀποδημούντων ἐγγεγραμμένοι εἰσίν. Ἐκεῖνος δ' ἐστὶν ἔλεγχος μέγιστος· ἐπειδὴ γὰρ κατήλθετε, ἐψηφίσασθε τοὺς φυλάρχους ἀπενεγκεῖν τοὺς ἱππεύσαντας, ἵνα τὰς καταστάσεις ἀναπράξητε παρ' αὐτῶν. Ἐμὲ τοίνυν 7 οὐδεὶς ἂν ἀποδείξειεν οὔτ' ἀπενεχθέντα ὑπὸ τῶν φυλάρχων οὔτε παραδοθέντα τοῖς συνδίκοις οὔτε κατάστασιν καταβαλόντα. Καίτοι πᾶσι ῥᾴδιον τοῦτο

γνῶναι, ὅτι ἀναγκαῖον ἦν τοῖς φυλάρχοις, εἰ μὴ ἀποδείξειαν τοὺς ἔχοντας τὰς καταστάσεις, αὐτοῖς ζημιοῦσθαι. Ὥστε πολὺ ἂν δικαιότερον ἐκείνοις τοῖς γράμμασιν ἢ τούτοις πιστεύοιτε· ἐκ μὲν γὰρ τούτων ῥᾴδιον ἦν ἐξαλειφθῆναι τῷ βουλομένῳ, ἐν ἐκείνοις δὲ τοὺς ἱππεύσαντας ἀναγκαῖον ἦν ὑπὸ τῶν φυλάρ-
8 χων ἀπενεχθῆναι. Ἔτι δέ, ὦ βουλή, εἴπερ ἵππευσα, οὐκ ἂν ἦν ἔξαρνος ὡς δεινόν τι πεποιηκώς, ἀλλ᾽ ἠξίουν, ἀποδείξας ὡς οὐδεὶς ὑπ᾽ ἐμοῦ τῶν πολιτῶν κακῶς πέπονθε, δοκιμάζεσθαι. Ὁρῶ δὲ καὶ ὑμᾶς ταύτῃ τῇ γνώμῃ χρωμένους, καὶ πολλοὺς μὲν τῶν τότε ἱππευσάντων βουλεύοντας, πολλοὺς δ᾽ αὐτῶν στρατηγοὺς καὶ ἱππάρχους κεχειροτονημένους. Ὥστε μηδὲν δι᾽ ἄλλο με ἡγεῖσθε ταύτην ποιεῖσθαι τὴν ἀπολογίαν, ἢ ὅτι περιφανῶς ἐτόλμησάν μου καταψεύσασθαι. Ἀνάβηθι δέ μοι καὶ μαρτύρησον.

ΜΑΡΤΥΡΙΑ

9 Περὶ μὲν τοίνυν αὐτῆς τῆς αἰτίας οὐκ οἶδ᾽ ὅ τι δεῖ πλείω λέγειν· δοκεῖ δέ μοι, ὦ βουλή, ἐν μὲν τοῖς ἄλλοις ἀγῶσι περὶ αὐτῶν μόνων τῶν κατηγορημένων προσήκειν ἀπολογεῖσθαι, ἐν δὲ ταῖς δοκιμασίαις δίκαιον εἶναι παντὸς τοῦ βίου λόγον διδόναι. Δέομαι οὖν ὑμῶν μετ᾽ εὐνοίας ἀκροάσασθαί μου. Ποιήσομαι δὲ τὴν ἀπολογίαν ὡς ἂν δύνωμαι διὰ βραχυτάτων.

Ἐγὼ γὰρ πρῶτον μέν, οὐσίας μοι οὐ πολλῆς κα- 10
ταλειφθείσης διὰ τὰς συμφορὰς καὶ τὰς τοῦ πατρὸς
καὶ τὰς τῆς πόλεως, δύο μὲν ἀδελφὰς ἐξέδωκα ἐπι-
δοὺς τριάκοντα μνᾶς ἑκατέρᾳ, πρὸς τὸν ἀδελφὸν δ᾽
οὕτως ἐνειμάμην, ὥστ᾽ ἐκεῖνον πλέον ὁμολογεῖν
ἔχειν ἐμοῦ τῶν πατρῴων, καὶ πρὸς τοὺς ἄλλους
ἅπαντας οὕτως βεβίωκα, ὥστε μηδεπώποτέ μοι
μηδὲ πρὸς ἕνα μηδὲν ἔγκλημα γενέσθαι. Καὶ τὰ μὲν 11
ἴδια οὕτως διῴκηκα· περὶ δὲ τῶν κοινῶν μοι μέγισ-
τον ἡγοῦμαι τεκμήριον εἶναι τῆς ἐμῆς ἐπιεικείας,
ὅτι τῶν νεωτέρων ὅσοι περὶ κύβους ἢ πότους ἢ τὰς
τοιαύτας ἀκολασίας τυγχάνουσι τὰς διατριβὰς ποιού-
μενοι, πάντας αὐτοὺς ὄψεσθέ μοι διαφόρους ὄντας,
καὶ πλεῖστα τούτους περὶ ἐμοῦ λογοποιοῦντας καὶ
ψευδομένους. Καίτοι δῆλον ὅτι, εἰ τῶν αὐτῶν ἐπε-
θυμοῦμεν, οὐκ ἂν τοιαύτην γνώμην εἶχον περὶ ἐμοῦ.
Ἔτι δ᾽, ὦ βουλή, οὐδεὶς ἂν ἀποδεῖξαι περὶ ἐμοῦ δύ- 12
ναιτο οὔτε δίκην αἰσχρὰν οὔτε γραφὴν οὔτε εἰσαγ-
γελίαν γεγενημένην· καίτοι ἑτέρους ὁρᾶτε πολλάκις
εἰς τοιούτους ἀγῶνας καθεστηκότας. Πρὸς τοίνυν
τὰς στρατείας καὶ τοὺς κινδύνους τοὺς πρὸς τοὺς
πολεμίους σκέψασθε οἷον ἐμαυτὸν παρέχω τῇ πόλει.
Πρῶτον μὲν γάρ, ὅτε τὴν συμμαχίαν ἐποιήσασθε 13
πρὸς Βοιωτοὺς καὶ εἰς Ἁλίαρτον ἔδει βοηθεῖν, ὑπὸ
Ὀρθοβούλου κατειλεγμένος ἱππεύειν, ἐπειδὴ πάν-
τας ἑώρων τοῖς μὲν ἱππεύουσιν ἀσφάλειαν εἶναι δεῖν

νομίζοντας, τοῖς δ' ὁπλίταις κίνδυνον ἡγουμένους, ἑτέρων ἀναβάντων ἐπὶ τοὺς ἵππους ἀδοκιμάστων παρὰ τὸν νόμον, ἐγὼ προσελθὼν ἔφην τῷ Ὀρθοβούλῳ ἐξαλεῖψαί με ἐκ τοῦ καταλόγου, ἡγούμενος αἰσχρὸν εἶναι τοῦ πλήθους μέλλοντος κινδυνεύειν ἄδειαν ἐμαυτῷ παρασκευάσαντα στρατεύεσθαι. Καί μοι ἀνάβηθι, Ὀρθόβουλε.

ΜΑΡΤΥΡΙΑ

14 Συλλεγέντων τοίνυν τῶν δημοτῶν πρὸ τῆς ἐξόδου, εἰδὼς αὐτῶν ἐνίους πολίτας μὲν χρηστοὺς ὄντας καὶ προθύμους, ἐφοδίων δε ἀποροῦντας, εἶπον ὅτι χρὴ τοὺς ἔχοντας παρέχειν τὰ ἐπιτήδεια τοῖς ἀπόρως διακειμένοις. Καὶ οὐ μόνον τοῦτο συνεβούλευον τοῖς ἄλλοις, ἀλλὰ καὶ αὐτὸς ἔδωκα δυοῖν ἀνδροῖν τριάκοντα δραχμὰς ἑκατέρῳ, οὐχ ὡς πολλὰ κεκτημένος, ἀλλ' ἵνα παράδειγμα τοῦτο τοῖς ἄλλοις γένηται. Καί μοι ἀνάβητε.

ΜΑΡΤΥΡΕΣ

15 Μετὰ ταῦτα τοίνυν, ὦ βουλή, εἰς Κόρινθον ἐξόδου γενομένης καὶ πάντων προειδότων ὅτι δεήσει κινδυνεύειν, ἑτέρων ἀναδυομένων ἐγὼ διεπραξάμην ὥστε τῆς πρώτης τεταγμένος μάχεσθαι τοῖς πολεμίοις· καὶ μάλιστα τῆς ἡμετέρας φυλῆς δυστυχησάσης καὶ πλείστων ἐναποθανόντων, ὕστερος ἀνεχώ-

ρησα τοῦ σεμνοῦ Στειριῶς τοῦ πᾶσιν ἀνθρώποις δειλίαν ὠνειδικότος. Καὶ οὐ πολλαῖς ἡμέραις ὕστερον 16
μετὰ ταῦτα, ἐν Κορίνθῳ χωρίων ἰσχυρῶν κατειλημμένων, ὥστε τοὺς πολεμίους μὴ δύνασθαι προσιέναι, Ἀγησιλάου δ' εἰς τὴν Βοιωτίαν ἐμβαλόντος ψηφισαμένων τῶν ἀρχόντων ἀποχωρίσαι τάξεις αἵτινες βοηθήσουσι, φοβουμένων ἁπάντων (εἰκότως, ὦ βουλή· δεινὸν γὰρ ἦν ἀγαπητῶς ὀλίγῳ πρότερον σεσωσμένους ἐφ' ἕτερον κίνδυνον ἰέναι) προσελθὼν ἐγὼ τὸν ταξίαρχον ἐκέλευον ἀκληρωτὶ τὴν ἡμετέραν τάξιν πέμπειν. Ὥστ' εἴ τινες ὑμῶν ὀργί- 17
ζονται τοῖς τὰ μὲν τῆς πόλεως ἀξιοῦσι πράττειν, ἐκ δὲ τῶν κινδύνων ἀποδιδράσκουσιν, οὐκ ἂν δικαίως περὶ ἐμοῦ τὴν γνώμην ταύτην ἔχοιεν· οὐ γὰρ μόνον τὰ προσταττόμενα ἐποίουν προθύμως, ἀλλὰ καὶ κινδυνεύειν ἐτόλμων. Καὶ ταῦτ' ἐποίουν οὐχ ὡς οὐ δεινὸν ἡγούμενος εἶναι Λακεδαιμονίοις μάχεσθαι, ἀλλ' ἵνα, εἴ ποτε ἀδίκως εἰς κίνδυνον καθισταίμην, διὰ ταῦτα βελτίων ὑφ' ὑμῶν νομιζόμενος ἁπάντων τῶν δικαίων τυγχάνοιμι. Καί μοι ἀνάβητε τούτων μάρτυρες.

ΜΑΡΤΥΡΕΣ.

Τῶν τοίνυν ἄλλων στρατειῶν καὶ φρουρῶν οὐδε- 18
μιᾶς ἀπελείφθην πώποτε, ἀλλὰ πάντα τὸν χρόνον διατετέλεκα μετὰ τῶν πρώτων μὲν τὰς ἐξόδους ποι-

ούμενος, μετὰ τῶν τελευταίων δὲ ἀναχωρῶν· Καίτοι
χρὴ τοὺς φιλοτίμως καὶ κοσμίως πολιτευομένους ἐκ
τῶν τοιούτων σκοπεῖν, ἀλλ' οὐκ εἴ τις κομᾷ, διὰ
τοῦτο μισεῖν· τὰ μὲν γὰρ τοιαῦτα ἐπιτηδεύματα
οὔτε τοὺς ἰδιώτας οὔτε τὸ κοινὸν τῆς πόλεως βλά-
πτει, ἐκ δὲ τῶν κινδυνεύειν ἐθελόντων πρὸς τοὺς πο-
19 λεμίους ἅπαντες ὑμεῖς ὠφελεῖσθε. Ὥστε οὐκ ἄξιον
ἀπ' ὄψεως, ὦ βουλή, οὔτε φιλεῖν οὔτε μισεῖν οὐδένα,
ἀλλ' ἐκ τῶν ἔργων σκοπεῖν· πολλοὶ μὲν γὰρ μικρὸν
διαλεγόμενοι καὶ κοσμίως ἀμπεχόμενοι μεγάλων
κακῶν αἴτιοι γεγόνασιν, ἕτεροι δὲ τῶν τοιούτων
ἀμελοῦντες πολλὰ κἀγαθὰ ὑμᾶς εἰσιν εἰργασμένοι.
20 Ἤδη δέ τινων ᾐσθόμην, ὦ βουλή, καὶ διὰ ταῦτα
ἀχθομένων μοι, ὅτι νεώτερος ὢν ἐπεχείρησα λέγειν
ἐν τῷ δήμῳ. Ἐγὼ δὲ τὸ μὲν πρῶτον ἠναγκάσθην
ὑπὲρ τῶν ἐμαυτοῦ πραγμάτων δημηγορῆσαι, ἔπειτα
μέντοι καὶ ἐμαυτῷ δοκῶ φιλοτιμότερον διατεθῆναι
τοῦ δέοντος, ἅμα μὲν τῶν προγόνων ἐνθυμούμενος,
21 ὅτι οὐδὲν πέπαυνται τὰ τῆς πόλεως πράττοντες, ἅμα
δὲ ὑμᾶς ὁρῶν (τὰ γὰρ ἀληθῆ χρὴ λέγειν) τοὺς τοιού-
τους μόνους τινὸς ἀξίους νομίζοντας εἶναι· ὥστε
ὁρῶν ὑμᾶς ταύτην τὴν γνώμην ἔχοντας τίς οὐκ ἂν
ἐπαρθείη πράττειν καὶ λέγειν ὑπὲρ τῆς πόλεως;
Ἔτι δὲ τί ἂν τοῖς τοιούτοις ἄχθοισθε; Οὐ γὰρ ἕτεροι
περὶ αὐτῶν κριταί εἰσιν, ἀλλ' ὑμεῖς.

5. Die Rede gegen die Kornhändler (XXII)

Wenn auch der Boden Attikas nicht gerade unfruchtbar war, so stand seine Ertragsfähigkeit doch nicht im Verhältnis zu der großen Bevölkerungszahl. Namentlich der Bedarf an Getreide konnte aus dem eigenen Lande nicht gedeckt werden; man war auf die Einfuhr aus Südrußland, Kleinasien, Ägypten und Sizilien angewiesen. Diese lag ausschließlich in den Händen der **Großkaufleute**, der geldmächtigen ἔμποροι, den Kleinverkauf besorgten die **Zwischenhändler** (σιτοπῶλαι, κάπηλοι), die meist der Klasse der Metöken angehörten.

In der richtigen Erkenntnis, daß die Brotfrage für das Wohl und Wehe der Stadt entscheidend sei, hatte der Staat durch eine Reihe von gesetzlichen **Vorschriften** die Getreideversorgung zu regeln versucht. So war die Getreideausfuhr bei strenger Strafe verboten, kein attischer Bürger oder Metöke durfte Getreide nach andern Plätzen als nach Athen liefern; von den eingeführten Vorräten mußten zwei Drittel im Lande bleiben; in unsicheren Zeiten war es die erste Aufgabe der Kriegsflotte, die Kornschiffe vor feindlichen Angriffen zu schützen.

Aber auch für den **Kleinhandel** waren zum Schutze der Bevölkerung sehr scharfe Bestimmungen getroffen. Um willkürliche Preistreibereien unmöglich zu machen, war es den Kleinhändlern bei **Todesstrafe** untersagt, mehr als 50 **Körbe** (φορμοί – Lasten) auf einmal aufzukaufen; auch durften sie den Scheffel (μέδιμνος) nur um einen ὀβολός teurer verkaufen, als der Einkaufspreis betrug (8).

Die Überwachung dieser Gesetze lag in den Händen einer besonderen Behörde, der 10, später 30 **Getreidevögte** (σιτοφύλακες), von denen die eine Hälfte für die

Stadt, die andere für den Piräus bestimmt war. Aber trotz all' ihrer Wachsamkeit gelang es ihnen nicht, des Getreidewuchers Herr zu werden. Die Händler waren unerschöpflich im Erfinden von Listen und Kniffen, die Gesetze zu umgehen und, bald im Einverständnis mit den Großhändlern, bald durch Ringbildung unter sich, die Bevölkerung schamlos auszubeuten. Daß sie unter diesen Umständen die bestgehaßten Leute in Athen waren, liegt auf der Hand; nicht selten machte sich der Unwille des Volkes gegen sie in gewaltsamen Ausbrüchen Luft, und selbst die Aufsichtsbeamten waren vor der Wut der Menge nicht immer sicher.

Gerichtlich war aber den Händlern nicht leicht beizukommen; denn von den gewerbsmäßigen Angebern (Sykophanten) befreiten sie sich durch Geld; andererseits legte die Leichtigkeit, sie vor Gericht zu bringen, den Verdacht sykophantischer Absichten nahe, und darum scheuten sich anständige Leute vor einer Anzeige. Doch beweist unsere Rede, daß man es von Zeit zu Zeit und in besonders schreienden Fällen für geraten hielt, ein Beispiel zu statuieren.

Zur Zeit des antalkidischen Friedens hatten sich die Kornhändler auf den Rat des Getreidevogts Anytos gegen die Großhändler zusammengetan und durch ihr gemeinsames Vorgehen die Einkaufspreise gedrückt, dann aber ihre Vorräte nicht zu ermäßigten Preisen an das Volk abgegeben, sondern den Preis willkürlich gesteigert. Das war nun, wahrscheinlich auf Anstiften der Großkaufleute, zur Anzeige gebracht worden. Da ein öffentliches Interesse auf dem Spiele stand, war sie in Form einer εἰσαγγελία (vgl. o. S. 17) beim Rate erfolgt. In der ersten Entrüstung hatte dieser die Händler zum Tode verurteilt, damit aber offenbar seine Befugnisse überschritten, denn er konnte wohl Strafen bis zu 500 Drachmen verhängen, in schwereren Fällen aber nur einen Vorbeschluß fassen, während die eigentliche Entscheidung den Heliasten zustand. Daher hatte ein R a t s h e r r E i n s p r u c h erhoben und durch sein energisches Vorgehen die Einhaltung des gesetzlichen Weges durchgesetzt. Um die bei dieser Gelegenheit gegen ihn erhobenen Verdächtigungen zu zerstreuen, tritt er persönlich vor den Geschworenen als Ankläger auf; die Sache selbst läßt aber den hohen Herrn ziemlich kühl, er entledigt sich seiner Aufgabe rein geschäftsmäßig mit erbarmungsloser Logik.

Der Prozeß ist ein ἀγὼν ἀτίμητος, die Strafe der Tod. Nach Kap. 14 dürfte die Rede im Jahre 386 gehalten worden sein.

5. (XXII)

ΚΑΤΑ ΤΩΝ ΣΙΤΟΠΩΛΩΝ

Πολλοί μοι προσεληλύθασιν, ὦ ἄνδρες δικασταί, 1 θαυμάζοντες ὅτι ἐγὼ τῶν σιτοπωλῶν ἐν τῇ βουλῇ κατηγόρουν, καὶ λέγοντες ὅτι ὑμεῖς, εἰ ὡς μάλιστα αὐτοὺς ἀδικεῖν ἡγεῖσθε, οὐδὲν ἧττον καὶ τοὺς περὶ τούτων ποιουμένους τοὺς λόγους συκοφαντεῖν νομίζετε. Ὅθεν οὖν ἠνάγκασμαι κατηγορεῖν αὐτῶν, περὶ τούτων πρῶτον εἰπεῖν βούλομαι.

Ἐπειδὴ γὰρ οἱ πρυτάνεις ἀπέδοσαν εἰς τὴν βου- 2 λὴν περὶ αὐτῶν, οὕτως ὠργίσθησαν αὐτοῖς, ὥστε ἔλεγόν τινες τῶν ῥητόρων, ὡς ἀκρίτους αὐτοὺς χρὴ

τοῖς ἕνδεκα παραδοῦναι θανάτῳ ζημιῶσαι. Ἡγού-
μενος δὲ ἐγὼ δεινὸν εἶναι τοιαῦτα ἐθίζεσθαι ποιεῖν
τὴν βουλήν, ἀναστὰς εἶπον, ὅτι μοι δοκοίη κρίνειν
τοὺς σιτοπώλας κατὰ τὸν νόμον, νομίζων, εἰ μὲν
εἰσιν ἄξια θανάτου εἰργασμένοι, ὑμᾶς οὐδὲν ἧττον
ἡμῶν γνώσεσθαι τὰ δίκαια, εἰ δὲ μηδὲν ἀδικοῦσιν, οὐ
3 δεῖν αὐτοὺς ἀκρίτους ἀπολωλέναι. Πεισθείσης δὲ τῆς
βουλῆς ταῦτα, διαβάλλειν ἐπεχείρουν με λέγοντες,
ὡς ἐγὼ σωτηρίας ἕνεκα τῆς τῶν σιτοπωλῶν τοὺς
λόγους τούτους ἐποιούμην. Πρὸς μὲν οὖν τὴν βουλήν,
ὅτ' ἦν αὐτοῖς ἡ κρίσις, ἔργῳ ἀπελογησάμην· τῶν γὰρ
ἄλλων ἡσυχίαν ἀγόντων ἀναστὰς αὐτῶν κατηγό-
ρουν καὶ πᾶσι φανερὸν ἐποίησα, ὅτι οὐχ ὑπὲρ τούτων
ἔλεγον, ἀλλὰ τοῖς νόμοις τοῖς κειμένοις ἐβοήθουν.
4 Ἠρξάμην μὲν οὖν τούτων ἕνεκα, δεδιὼς τὰς αἰτίας·
αἰσχρὸν δ' ἡγοῦμαι πρότερον παύσασθαι, πρὶν ἂν
ὑμεῖς περὶ αὐτῶν ὅ τι ἂν βούλησθε ψηφίσησθε.
5 Καὶ πρῶτον μὲν ἀνάβητε. Εἰπὲ σὺ ἐμοί· μέτοικος
εἶ; ,,Ναί.'' Μετοικεῖς δὲ πότερον ὡς πεισόμενος
τοῖς νόμοις τοῖς τῆς πόλεως ἢ ὡς ποιήσων ὅ τι ἂν
βούλῃ; ,,Ὡς πεισόμενος.'' Ἄλλο τι οὖν ἢ ἀξιοῖς
ἀποθανεῖν, εἴ τι πεποίηκας παρὰ τοὺς νόμους, ἐφ'
οἷς θάνατος ἡ ζημία; ,,Ἔγωγε.'' Ἀπόκριναι δή μοι,
εἰ ὁμολογεῖς πλείω σῖτον συμπρίασθαι πεντήκοντα
φορμῶν, ὧν ὁ νόμος ἐξεῖναι κελεύει. ,,Ἐγὼ τῶν
ἀρχόντων κελευόντων συνεπριάμην.''

Ἂν μὲν τοίνυν ἀποδείξῃ, ὦ ἄνδρες δικασταί, ὡς 6
ἔστι νόμος, ὃς κελεύει τοὺς σιτοπώλας συνωνεῖσθαι
τὸν σῖτον, ἂν οἱ ἄρχοντες κελεύωσιν, ἀποψηφί-
σασθε· εἰ δὲ μή, δίκαιον ὑμᾶς καταψηφίσασθαι.
Ἡμεῖς γὰρ ὑμῖν παρεσχόμεθα τὸν νόμον, ὃς ἀπα-
γορεύει μηδένα τῶν ἐν τῇ πόλει πλείω σῖτον πεν-
τήκοντα φορμῶν συνωνεῖσθαι.

Χρῆν μὲν τοίνυν, ὦ ἄνδρες δικασταί, ἱκανὴν εἶναι 7
ταύτην τὴν κατηγορίαν, ἐπειδὴ οὗτος μὲν ὁμολογεῖ
συμπρίασθαι, ὁ δὲ νόμος ἀπαγορεύων φαίνεται,
ὑμεῖς δὲ κατὰ τοὺς νόμους ὀμωμόκατε ψηφιεῖσθαι·
ὅμως δ᾽ ἵνα πεισθῆτε, ὅτι καὶ κατὰ τῶν ἀρχόντων
ψεύδονται, ἀνάγκη καὶ μακρότερον εἰπεῖν περὶ
αὐτῶν. Ἐπειδὴ γὰρ οὗτοι τὴν αἰτίαν εἰς ἐκείνους 8
ἀνέφερον, παρακαλέσαντες τοὺς ἄρχοντας ἠρωτῶ-
μεν. Καὶ οἱ μὲν νῦν οὐδὲν ἔφασαν εἰδέναι τοῦ πράγ-
ματος, Ἄνυτος δὲ ἔλεγεν, ὡς τοῦ προτέρου χειμῶ-
νος, ἐπειδὴ τίμιος ἦν ὁ σῖτος, τούτων ὑπερβαλλόν-
των ἀλλήλους καὶ πρὸς σφᾶς αὐτοὺς μαχομένων
συμβουλεύσειεν αὐτοῖς παύσασθαι φιλονικοῦσιν,
ἡγούμενος συμφέρειν ὑμῖν τοῖς παρὰ τούτων ὠνου-
μένοις ὡς ἀξιώτατον τούτους πρίασθαι· δεῖν γὰρ
αὐτοὺς ὀβολῷ μόνον πωλεῖν τιμιώτερον. Ὡς τοίνυν 9
οὐ συμπριαμένους καταθέσθαι ἐκέλευεν αὐτούς,
ἀλλὰ μὴ ἀλλήλοις ἀντωνεῖσθαι συνεβούλευεν, αὐτὸν
ὑμῖν Ἄνυτον μάρτυρα παρέξομαι.

ΜΑΡΤΥΡΙΑ

Καὶ οὗτος μὲν ἐπὶ τῆς προτέρας βουλῆς τούτους εἶπε τοὺς λόγους, οὗτοι δ' ἐπὶ τῆσδε συνωνούμενοι φαίνονται.

10 Ὅτι μὲν τοίνυν οὐχ ὑπὸ τῶν ἀρχόντων κελευσθέντες συνεπρίαντο τὸν σῖτον, ἀκηκόατε· ἡγοῦμαι δ', ἂν ὡς μάλιστα περὶ τούτων ἀληθῆ λέγωσιν, οὐχ ὑπὲρ αὑτῶν αὐτοὺς ἀπολογήσεσθαι, ἀλλὰ τούτων κατηγορήσειν· περὶ γὰρ ὧν εἰσι νόμοι διαρρήδην γεγραμμένοι, πῶς οὐ χρὴ διδόναι δίκην καὶ τοὺς μὴ πειθομένους καὶ τοὺς κελεύοντας τούτοις τἀναντία πράττειν;

11 Ἀλλὰ γάρ, ὦ ἄνδρες δικασταί, οἴομαι αὐτοὺς ἐπὶ μὲν τούτῳ τῷ λόγῳ οὐκ ἐλεήσεσθαι· ἴσως δ' ἐροῦσιν, ὥσπερ καὶ ἐν τῇ βουλῇ, ὡς ἐπ' εὐνοίᾳ τῆς πόλεως συνεωνοῦντο τὸν σῖτον, ἵν' ὡς ἀξιώτατον ὑμῖν πωλοῖεν. Μέγιστον δ' ὑμῖν ἐρῶ καὶ περιφα-
12 νέστατον τεκμήριον ὅτι ψεύδονται. Ἐχρῆν γὰρ αὐτούς, εἴπερ ὑμῶν ἕνεκα ἔπραττον ταῦτα, φαίνεσθαι τῆς αὐτῆς τιμῆς πολλὰς ἡμέρας πωλοῦντας, ἕως ὁ συνεωνημένος αὐτοὺς ἐπέλιπε· νῦν δ' ἐνίοτε τῆς αὐτῆς ἡμέρας ἐπώλουν δραχμῇ τιμιώτερον, ὥσπερ κατὰ μέδιμνον συνωνούμενοι. Καὶ τούτων ὑμᾶς μάρτυρας παρέχομαι.

13 Δεινὸν δέ μοι δοκεῖ εἶναι, εἰ ὅταν μὲν εἰσφορὰν εἰσενεγκεῖν δέῃ, ἣν πάντες εἴσεσθαι μέλλουσιν, οὐκ

ἐθέλουσιν, ἀλλὰ πενίαν προφασίζονται, ἐφ' οἷς δὲ θάνατός ἐστιν ἡ ζημία καὶ λαθεῖν αὐτοῖς συνέφερε, ταῦτα ἐπ' εὐνοίᾳ φασὶ τῇ ὑμετέρᾳ παρανομῆσαι. Καίτοι πάντες ἐπίστασθε, ὅτι τούτοις ἥκιστα προσήκει τοιούτους ποιεῖσθαι λόγους. Τἀναντία γὰρ αὐτοῖς καὶ τοῖς ἄλλοις συμφέρει· τότε γὰρ πλεῖστα κερδαίνουσιν, ὅταν κακοῦ τινος ἀπαγγελθέντος τῇ πόλει τίμιον τὸν σῖτον πωλῶσιν. Οὕτω δ' ἄσμενοι 14 τὰς συμφορὰς τὰς ὑμετέρας ὁρῶσιν, ὥστε τὰς μὲν πρότεροι τῶν ἄλλων πυνθάνονται, τὰς δ' αὐτοὶ λογοποιοῦσιν, ἢ τὰς διεφθάρθαι τὰς ἐν τῷ Πόντῳ ἢ ὑπὸ Λακεδαιμονίων ἐκπλεούσας συνειλῆφθαι ἢ τὰ ἐμπόρια κεκλῆσθαι ἢ τὰς σπονδὰς μέλλειν ἀπορρηθήσεσθαι· καὶ εἰς τοῦτ' ἔχθρας ἐληλύθασιν, ὥστ' ἐν 15 τοῖς αὐτοῖς καιροῖς ἐπιβουλεύουσιν ὑμῖν, ἐν οἷσπερ οἱ πολέμιοι. Ὅταν γὰρ μάλιστα σίτου τυγχάνητε δεόμενοι, ἀναρπάζουσιν οὗτοι καὶ οὐκ ἐθέλουσι πωλεῖν, ἵνα μὴ περὶ τῆς τιμῆς διαφερώμεθα, ἀλλ' ἀγαπῶμεν, ἂν ὁποσουτινοσοῦν πριάμενοι παρ' αὐτῶν ἀπέλθωμεν· ὥστ' ἐνίοτε εἰρήνης οὔσης ὑπὸ τούτων πολιορκούμεθα. Οὕτω δὲ πάλαι περὶ τῆς τούτων 16 πανουργίας καὶ κακονοίας ἡ πόλις ἔγνωκεν, ὥστ' ἐπὶ μὲν τοῖς ἄλλοις ὠνίοις ἅπασι τοὺς ἀγορανόμους φύλακας κατεστήσατε, ἐπὶ δὲ ταύτῃ μόνῃ τῇ τέχνῃ χωρὶς σιτοφύλακας ἀποκληροῦτε· καὶ πολλάκις ἤδη παρ' ἐκείνων πολιτῶν ὄντων δίκην τὴν μεγίστην

ἐλάβετε, ὅτι οὐχ οἷοί τ' ἦσαν τῆς τούτων πονηρίας
ἐπικρατῆσαι. Καίτοι τί χρὴ αὐτοὺς τοὺς ἀδικοῦντας
ὑφ' ὑμῶν πάσχειν, ὁπότε καὶ τοὺς οὐ δυναμένους
φυλάττειν ἀποκτείνετε;

17 Ἐνθυμεῖσθαι δὲ χρή, ὅτι ἀδύνατον ὑμῖν ἐστιν
ἀποψηφίσασθαι. Εἰ γὰρ ἀπογνώσεσθε ὁμολογούν-
των αὐτῶν ἐπὶ τοὺς ἐμπόρους συνίστασθαι, δόξεθ'
ὑμεῖς ἐπιβουλεύειν τοῖς εἰσπλέουσιν. Εἰ μὲν γὰρ
ἄλλην τινὰ ἀπολογίαν ἐποιοῦντο, οὐδεὶς ἂν εἶχε τοῖς
ἀποψηφισαμένοις ἐπιτιμᾶν· ἐφ' ὑμῖν γὰρ ὁποτέροις
βούλεσθε πιστεύειν· νῦν δὲ πῶς οὐ δεινὰ ἂν δόξαιτε
ποιεῖν, εἰ τοὺς ὁμολογοῦντας παρανομεῖν ἀζημίους

18 ἀφήσετε; Ἀναμνήσθητε δέ, ὦ ἄνδρες δικασταί, ὅτι
πολλῶν ἤδη ἐχόντων ταύτην τὴν αἰτίαν, ἀρνουμένων
δὲ καὶ μάρτυρας παρεχομένων, θάνατον κατέγνωτε,
πιστοτέρους ἡγησάμενοι τοὺς τῶν κατηγόρων λό-
γους. Καίτοι πῶς ἂν οὐ θαυμαστὸν εἴη, εἰ περὶ τῶν
αὐτῶν ἁμαρτημάτων δικάζοντες μᾶλλον ἐπιθυμεῖτε

19 παρὰ τῶν ἀρνουμένων δίκην λαμβάνειν; Καὶ μὲν δή,
ὦ ἄνδρες δικασταί, πᾶσιν ἡγοῦμαι φανερὸν εἶναι, ὅτι
οἱ περὶ τῶν τοιούτων ἀγῶνες κοινότατοι τυγχά-
νουσιν ὄντες τοῖς ἐν τῇ πόλει, ὥστε πεύσονται
ἥντινα γνώμην περὶ αὐτῶν ἔχετε, ἡγούμενοι, ἂν μὲν
θάνατον τούτων καταγνῶτε, κοσμιωτέρους ἔσεσθαι
τοὺς λοιπούς· ἂν δ' ἀζημίους ἀφῆτε, πολλὴν ἄδειαν
αὐτοῖς ἐψηφισμένοι ἔσεσθε ποιεῖν ὅ τι ἂν βούλων-

ται. Χρὴ δέ, ὦ ἄνδρες δικασταί, μὴ μόνον τῶν 20
παρεληλυθότων ἕνεκα αὐτοὺς κολάζειν, ἀλλὰ καὶ
παραδείγματος ἕνεκα τῶν μελλόντων ἔσεσθαι·
οὕτω γὰρ ἔσονται μόγις ἀνεκτοί. Ἐνθυμεῖσθε δὲ
ὅτι ἐκ ταύτης τῆς τέχνης πλεῖστοι περὶ τοῦ σώμα-
τός εἰσιν ἠγωνισμένοι· καὶ οὕτω μεγάλα ἐξ αὐτῆς
ὠφελοῦνται, ὥστε μᾶλλον αἱροῦνται καθ' ἑκάστην
ἡμέραν περὶ τῆς ψυχῆς κινδυνεύειν ἢ παύεσθαι παρ'
ὑμῶν ἀδίκως κερδαίνοντες. Καὶ μὲν δὴ οὐδ' ἂν ἀντι- 21
βολῶσιν ὑμᾶς καὶ ἱκετεύωσι, δικαίως ἂν αὐτοὺς
ἐλεήσαιτε, ἀλλὰ πολὺ μᾶλλον τῶν τε πολιτῶν, οἳ διὰ
τὴν τούτων πονηρίαν ἀπέθνῃσκον, καὶ τοὺς ἐμπό-
ρους ἐφ' οὓς οὗτοι συνέστησαν· οἷς ὑμεῖς χαριεῖσθε
καὶ προθυμοτέρους ποιήσετε, δίκην παρὰ τούτων
λαμβάνοντες. Εἰ δὲ μή, τίν' αὐτοὺς οἴεσθε γνώμην
ἕξειν, ἐπειδὰν πύθωνται, ὅτι τῶν καπήλων, οἳ τοῖς
εἰσπλέουσιν ὡμολόγησαν ἐπιβουλεύειν, ἀπεψηφί-
σασθε;

Οὐκ οἶδ' ὅ τι δεῖ πλείω λέγειν· περὶ μὲν γὰρ τῶν 22
ἄλλων τῶν ἀδικούντων, ὅτου δικάζονται, δεῖ παρὰ
τῶν κατηγόρων πυθέσθαι, τὴν δὲ τούτων πονηρίαν
ἅπαντες ἐπίστασθε. Ἂν οὖν τούτων καταψηφί-
σησθε, τά τε δίκαια ποιήσετε καὶ ἀξιώτερον τὸν
σῖτον ὠνήσεσθε· εἰ δὲ μή, τιμιώτερον.

6. Die Rede für den erwerbsunfähigen Krüppel (XXIV)

Schon seit Solons Zeiten bestand in Athen die Einrichtung, daß alle Bürger, die weniger als 3 Minen besaßen und infolge eines körperlichen Gebrechens **erwerbsunfähig** (ἀδύνατοι) waren, aus der Staatskasse eine fortlaufende Unterstützung bezogen. Diese betrug zur Zeit des Lysias täglich einen Obolos, wurde aber später auf 2 Obolen erhöht[1]. Die Kontrolle über die Erwerbsunfähigen stand dem Rate zu. Alljährlich, gleich nach dem Amtsantritt der neuen Ratsmitglieder, hatten sich sämtliche Unterstützungsempfänger einer Prüfung zu unterziehen (vgl. oben Seite 18, δοκιμασία). Bei dieser Gelegenheit konnte jeder Bürger Einwendungen erheben; Sache des angegriffenen Teiles war es dann, seine moralische Würdigkeit und weitere Erwerbsunfähigkeit nachzuweisen.

In dieser unangenehmen Lage befindet sich auch der ungenannte Sprecher dieser Rede, ein ehrsamer Handwerker in bereits vorgerücktem Alter, der, an beiden Beinen gelähmt, seit längeren Jahren auf die staatliche Unterstützung angewiesen ist.

Verbrochen hat er eigentlich nichts; aber er ist ein lustiger Kumpan und wegen seines Mutterwitzes eine stadtbekannte Persönlichkeit; sein Standort am Markt ist der Sammelplatz ausgelassener, zu allerhand losen Streichen aufgelegter Gesellen, denen es auf ein paar Silberlinge nicht ankommt; mit ihnen hat er zuweilen gezecht, auch gelegentlich zu seinem Privatvergnügen ihre Pferde benutzt. Das hat man ihm arg verübelt, und ein Gries-

---

[1] Vgl. Aristoteles, Vom Staatswesen der Athener, cap. 49.

gram, der von dem Witzbold vielleicht mehr als löblich geneckt worden sein mochte, hat vor dem Rat gegen seine weitere Unterstützung Einspruch erhoben. Aber der Angeber hat die Rechnung ohne den Wirt gemacht, der Krüppel ist ihm entschieden über. Die derb witzige Manier, mit der er dem Gegner heimleuchtet, bringt die Lacher auf seine Seite; andererseits sind seine Bitten an die Richter so beweglich und rührend, daß nur ein Herz von Stein sich dagegen hätte verschließen können. Und so wird er sich denn wohl seinen täglichen Obolos gerettet haben.

Die Rede ist ein Meisterstück lysianischer ἠθοποιία[1]. Scherz und Ernst, beißender Spott und gutmütiger Humor, überlegener Witz und kindliche Naivität sind hier zu einem so eigenartigen, aber in seiner Gesamtheit doch so harmonisch wirkenden Charakterbild vereinigt, wie wir es in der ganzen griechischen Literatur nicht zum zweiten Male antreffen dürften.

6. (XXIV)
ΠΡΟΣ ΤΗΝ ΕΙΣΑΓΓΕΛΙΑΝ ΠΕΡΙ ΤΟΥ ΜΗ ΔΙΔΟΣΘΑΙ ΤΩΙ ΑΔΥΝΑΤΩΙ ΑΡΓΥΡΙΟΝ

Οὐ πολλοῦ δέω χάριν ἔχειν, ὦ βουλή, τῷ κατηγόρῳ, ὅτι μοι παρεσκεύασε τὸν ἀγῶνα τουτονί. Πρότερον γὰρ οὐκ ἔχων πρόφασιν ἐφ᾽ ἧς τοῦ βίου λόγον δοίην, νυνὶ διὰ τοῦτον εἴληφα. Καὶ πειράσομαι τῷ λόγῳ τοῦτον μὲν ἐπιδεῖξαι ψευδόμενον, ἐμαυτὸν δὲ βεβιωκότα μέχρι τῆσδε τῆς ἡμέρας ἐπαίνου μᾶλλον ἄξιον ἢ φθόνου· διὰ γὰρ οὐδὲν ἄλλο 1

---
[1] Kunst der Charakterisierung, vgl. S. 10f.

μοι δοκεῖ παρασκευάσαι τόνδε μοι τὸν κίνδυνον
2 οὗτος ἢ διὰ φθόνον. Καίτοι ὅστις τούτοις φθονεῖ οὓς
οἱ ἄλλοι ἐλεοῦσι, τίνος ἂν ὑμῖν ὁ τοιοῦτος ἀποσχέ-
σθαι δοκεῖ πονηρίας; Εἰ μὲν γὰρ ἕνεκα χρημάτων με
συκοφαντεῖ, – · εἰ δ' ὡς ἐχθρὸν ἑαυτοῦ με τιμωρεῖ-
ται, ψεύδεται· διὰ γὰρ τὴν πονηρίαν αὐτοῦ οὔτε
3 φίλῳ οὔτ' ἐχθρῷ πώποτε ἐχρησάμην αὐτῷ. Ἤδη
τοίνυν, ὦ βουλή, δῆλός ἐστι φθονῶν, ὅτι τοιαύτῃ
κεχρημένος συμφορᾷ τούτου βελτίων εἰμὶ πολίτης.
Καὶ γὰρ οἶμαι δεῖν, ᾧ βουλή, τὰ τοῦ σώματος
δυστυχήματα τοῖς τῆς ψυχῆς ἐπιτηδεύμασιν ἰᾶσθαι.
Εἰ γὰρ ἐξ ἴσου τῇ συμφορᾷ καὶ τὴν διάνοιαν ἕξω καὶ
τὸν ἄλλον βίον διάξω, τί τούτου διοίσω;

4 Περὶ μὲν οὖν τούτων τοσαῦτά μοι εἰρήσθω· ὑπὲρ
ὧν δέ μοι προσήκει λέγειν, ὡς ἂν οἷόν τε διὰ βραχυ-
τάτων ἐρῶ. Φησὶ γὰρ ὁ κατήγορος οὐ δικαίως με
λαμβάνειν τὸ παρὰ τῆς πόλεως ἀργύριον· καὶ γὰρ
τῷ σώματι δύνασθαι καὶ οὐκ εἶναι τῶν ἀδυνάτων,
καὶ τέχνην ἐπίστασθαι τοιαύτην ὥστε καὶ ἄνευ τοῦ
5 διδομένου τούτου ζῆν. Καὶ τεκμηρίοις χρῆται τῆς
μὲν τοῦ σώματος ῥώμης, ὅτι ἐπὶ τοὺς ἵππους ἀνα-
βαίνω, τῆς δ' ἐν τῇ τέχνῃ εὐπορίας, ὅτι δύναμαι
συνεῖναι δυναμένοις ἀνθρώποις ἀναλίσκειν. Τὴν μὲν
οὖν ἐκ τῆς τέχνης εὐπορίαν καὶ τὸν ἄλλον τὸν ἐμὸν
βίον, οἷος τυγχάνει, πάντας ὑμᾶς οἴομαι γιγνώ-
6 σκειν· ὅμως δὲ κἀγὼ διὰ βραχέων ἐρῶ. Ἐμοὶ ὁ μὲν

πατὴρ κατέλιπεν οὐδέν, τὴν δὲ μητέρα τελευτήσασαν
πέπαυμαι τρέφων τρίτον ἔτος τουτί, παῖδες δέ μοι
οὔπω εἰσίν, οἵ με θεραπεύσουσι· τέχνην δὲ κέκτημαι βραχέα δυναμένην ὠφελεῖν, ἣν αὐτὸς μὲν ἤδη
χαλεπῶς ἐργάζομαι, τὸν διαδεξόμενον δ᾽ αὐτὴν
οὔπω δύναμαι κτήσασθαι· πρόσοδος δέ μοι οὐκ ἔστιν ἄλλη πλὴν ταύτης, ἣν ἐὰν ἀφέλησθέ με, κινδυνεύσαιμ᾽ ἂν ὑπὸ τῇ δυσχερεστάτῃ γενέσθαι τύχῃ. Μὴ 7
τοίνυν, ἐπειδή γε ἔστιν, ὦ βουλή, σῶσαί με δικαίως,
ἀπολέσητε ἀδίκως· μηδὲ ἃ νεωτέρῳ καὶ μᾶλλον ἐρρωμένῳ ὄντι ἔδοτε, πρεσβύτερον καὶ ἀσθενέστερον
γιγνόμενον ἀφέλησθε· μηδὲ πρότερον καὶ περὶ τοὺς
οὐδὲν ἔχοντας κακὸν ἐλεημονέστατοι δοκοῦντες
εἶναι νυνὶ διὰ τοῦτον τοὺς καὶ τοῖς ἐχθροῖς ἐλεεινοὺς
ὄντας ἀγρίως ἀποδέξησθε· μηδ᾽ ἐμὲ τολμήσαντες
ἀδικῆσαι καὶ τοὺς ἄλλους τοὺς ὁμοίως ἐμοὶ διακειμένους ἀθυμῆσαι ποιήσητε. Καὶ γὰρ ἂν ἄτοπον εἴη, 8
ὦ βουλή, εἰ ὅτε μὲν ἁπλῆ μοι ἦν ἡ συμφορά, τότε μὲν
φαινοίμην λαμβάνων τὸ ἀργύριον τοῦτο, νῦν δ᾽ ἐπειδὴ καὶ γῆρας καὶ νόσοι καὶ τὰ τούτοις ἑπόμενα κακὰ
προσγίγνεταί μοι, τότε ἀφαιρεθείην. Δοκεῖ δέ μοι 9
τῆς πενίας τῆς ἐμῆς τὸ μέγεθος ὁ κατήγορος ἂν
ἐπιδεῖξαι σαφέστατα μόνος ἀνθρώπων. Εἰ γὰρ ἐγὼ
κατασταθεὶς χορηγὸς τραγῳδοῖς προκαλεσαίμην
αὐτὸν εἰς ἀντίδοσιν, δεκάκις ἂν ἕλοιτο χορηγῆσαι
μᾶλλον ἢ ἀντιδοῦναι ἅπαξ. Καὶ πῶς οὐ δεινόν ἐστι

νῦν μὲν κατηγορεῖν, ὡς διὰ πολλὴν εὐπορίαν ἐξ ἴσου
δύναμαι συνεῖναι τοῖς πλουσιωτάτοις, εἰ δ' ὧν ἐγὼ
λέγω τύχοι τι γενόμενον, ὁμολογεῖν ἄν με τοιοῦτον
εἶναι καὶ ἔτι πονηρότερον;

10   Περὶ δὲ τῆς ἐμῆς ἱππικῆς, ἧς οὗτος ἐτόλμησε
μνησθῆναι πρὸς ὑμᾶς, οὔτε τὴν τύχην δείσας οὔτε
ὑμᾶς αἰσχυνθείς, οὐ πολὺς ὁ λόγος. Ἐγὼ γάρ, ὦ
βουλή, πάντας οἶμαι τοὺς ἔχοντάς τι δυστύχημα τοῦτο
ζητεῖν καὶ τοῦτο φιλοσοφεῖν, ὅπως ὡς ἀλυπότατα
μεταχειριοῦνται τὸ συμβεβηκὸς πάθος. Ὧν εἷς ἐγώ,
καὶ περιπεπτωκὼς τοιαύτῃ συμφορᾷ ταύτην ἐμαυ-
τῷ ῥᾳστώνην ἐξηῦρον εἰς τὰς ὁδοὺς τὰς μακροτέρας
11   τῶν ἀναγκαίων. Ὃ δὲ μέγιστον, ὦ βουλή, τεκμή-
ριον, ὅτι διὰ τὴν συμφορὰν ἀλλ' οὐ διὰ τὴν ὕβριν, ὡς
οὗτός φησιν, ἐπὶ τοὺς ἵππους ἀναβαίνω· εἰ γὰρ
ἐκεκτήμην οὐσίαν, ἐπ' ἀστράβης ἂν ὠχούμην, ἀλλ'
οὐκ ἐπὶ τοὺς ἀλλοτρίους ἵππους ἀνέβαινον· νυνὶ δ'
ἐπειδὴ τοιοῦτον οὐ δύναμαι κτήσασθαι, τοῖς ἀλλο-
12   τρίοις ἵπποις ἀναγκάζομαι χρῆσθαι πολλάκις. Καίτοι
πῶς οὐκ ἄτοπόν ἐστιν, ὦ βουλή, τοῦτον ἄν, εἰ μὲν
ἐπ' ἀστράβης ὀχούμενον ἑώρα με, σιωπᾶν (τί γὰρ
ἂν καὶ ἔλεγεν;), ὅτι δὲ ἐπὶ τοὺς ᾐτημένους ἵππους
ἀναβαίνω, πειρᾶσθαι πείθειν ὑμᾶς, ὡς δυνατός εἰμι;
καὶ ὅτι μὲν δυοῖν βακτηρίαιν χρῶμαι, τῶν ἄλλων
μιᾷ χρωμένων, μὴ κατηγορεῖν ὡς καὶ τοῦτο τῶν
δυναμένων ἐστίν· ὅτι δ' ἐπὶ τοὺς ἵππους ἀναβαίνω,

τεκμηρίῳ χρῆσθαι πρὸς ὑμᾶς, ὡς εἰμὶ τῶν δυναμένων; οἷς ἐγὼ διὰ τὴν αὐτὴν αἰτίαν ἀμφοτέροις χρῶμαι.

Τοσοῦτον δὲ διενήνοχεν ἀναισχυντίᾳ τῶν ἁπάντων ἀνθρώπων, ὥστε ὑμᾶς πειρᾶται πείθειν, τοσούτους ὄντας εἷς ὤν, ὡς οὐκ εἰμὶ τῶν ἀδυνάτων ἐγώ. Καίτοι εἰ τοῦτο πείσει τινὰς ὑμῶν, ὦ βουλή, τί με κωλύει κληροῦσθαι τῶν ἐννέα ἀρχόντων, καὶ ὑμᾶς ἐμοῦ μὲν ἀφελέσθαι τὸν ὀβολὸν ὡς ὑγιαίνοντος, τούτῳ δὲ ψηφίσασθαι πάντας ὡς ἀναπήρῳ; Οὐ γὰρ δήπου τὸν αὐτὸν ὑμεῖς μὲν ὡς δυνάμενον ἀφαιρήσεσθε τὸ διδόμενον, οἱ δὲ θεσμοθέται ὡς ἀδύνατον ὄντα κληροῦσθαι κωλύσουσιν. Ἀλλὰ γὰρ οὔτε ὑμεῖς τούτῳ τὴν αὐτὴν ἔχετε γνώμην, οὔθ' οὗτος ὑμῖν εὖ ποιῶν. Ὁ μὲν γὰρ ὥσπερ ἐπικλήρου τῆς συμφορᾶς οὔσης ἀμφισβητήσων ἥκει καὶ πειρᾶται πείθειν ὑμᾶς, ὡς οὐκ εἰμὶ τοιοῦτος οἷον ὑμεῖς ὁρᾶτε πάντες· ὑμεῖς δὲ (ὃ τῶν εὖ φρονούντων ἔργον ἐστί) μᾶλλον πιστεύετε τοῖς ὑμετέροις αὐτῶν ὀφθαλμοῖς ἢ τοῖς τούτου λόγοις.

Λέγει δ', ὡς ὑβριστής εἰμι καὶ βίαιος καὶ λίαν ἀσελγῶς διακείμενος, ὥσπερ, εἰ φοβερῶς ὀνομάσειε, μέλλων ἀληθῆ λέγειν, ἀλλ' οὐκ, ἂν πάνυ πραόνως, ταῦτα ποιήσων. Ἐγὼ δ' ὑμᾶς, ὦ βουλή, σαφῶς οἶμαι δεῖν διαγιγνώσκειν, οἷς τ' ἐγχωρεῖ τῶν ἀνθρώπων ὑβρισταῖς εἶναι καὶ οἷς οὐ προσήκει. Οὐ γὰρ

τοὺς πενομένους καὶ λίαν ἀπόρως διακειμένους
ὑβρίζειν εἰκός, ἀλλὰ τοὺς πολλῷ πλείω τῶν ἀναγ-
καίων κεκτημένους· οὐδὲ τοὺς ἀδυνάτους τοῖς σώ-
μασιν ὄντας, ἀλλὰ τοὺς μάλιστα πιστεύοντας ταῖς
αὑτῶν ῥώμαις· οὐδὲ τοὺς ἤδη προβεβηκότας τῇ ἡλι-
κίᾳ, ἀλλὰ τοὺς ἔτι νέους καὶ νέαις ταῖς διανοίαις

17 χρωμένους. Οἱ μὲν γὰρ πλούσιοι τοῖς χρήμασιν ἐξω-
νοῦνται τοὺς κινδύνους, οἱ δὲ πένητες ὑπὸ τῆς παρού-
σης ἀπορίας σωφρονεῖν ἀναγκάζονται· καὶ οἱ μὲν νέοι
συγγνώμης ἀξιοῦνται τυγχάνειν παρὰ τῶν πρεσβυ-
τέρων, τοῖς δὲ πρεσβυτέροις ἐξαμαρτάνουσιν ὁμοίως

18 ἐπιτιμῶσιν ἀμφότεροι· καὶ τοῖς μὲν ἰσχυροῖς ἐγχω-
ρεῖ μηδὲν αὐτοῖς πάσχουσιν οὓς ἂν βουληθῶσιν, ὑ-
βρίζειν, τοῖς δὲ ἀσθενέσιν οὐκ ἔστιν οὔτε ὑβριζομένοις
ἀμύνεσθαι τοὺς ὑπάρξαντας οὔτε ὑβρίζειν βουλομέ-
νοις περιγίγνεσθαι τῶν ἀδικουμένων. Ὥστε μοι δο-
κεῖ ὁ κατήγορος εἰπεῖν περὶ τῆς ἐμῆς ὕβρεως οὐ σπου-
δάζων, ἀλλὰ παίζων, οὐδ᾽ ὑμᾶς πεῖσαι βουλόμενος
ὡς εἰμὶ τοιοῦτος, ἀλλ᾽ ἐμὲ κωμῳδεῖν βουλόμενος,
ὥσπερ τι καλὸν ποιῶν.

19 Ἔτι δὲ καὶ συλλέγεσθαί φησιν ἀνθρώπους ὡς ἐμὲ
πονηροὺς καὶ πολλούς, οἳ τὰ μὲν ἑαυτῶν ἀνηλώκασι,
τοῖς δὲ τὰ σφέτερα σῴζειν βουλομένοις ἐπιβουλεύ-
ουσιν. Ὑμεῖς δὲ ἐνθυμήθητε πάντες, ὅτι ταῦτα
λέγων οὐδὲν ἐμοῦ κατηγορεῖ μᾶλλον ἢ τῶν ἄλλων
ὅσοι τέχνας ἔχουσιν, οὐδὲ τῶν ὡς ἐμὲ εἰσιόντων

μᾶλλον ἢ τῶν ὡς τοὺς ἄλλους δημιουργούς. Ἕκα- 20
στος γὰρ ὑμῶν εἴθισται προσφοιτᾶν ὁ μὲν πρὸς μυρο-
πώλιον, ὁ δὲ πρὸς κουρεῖον, ὁ δὲ πρὸς σκυτοτομεῖον,
ὁ δ᾽ ὅποι ἂν τύχῃ, καὶ πλεῖστοι μὲν ὡς τοὺς ἐγγυ-
τάτω τῆς ἀγορᾶς κατεσκευασμένους, ἐλάχιστοι δὲ
ὡς τοὺς πλεῖστον ἀπέχοντας αὐτῆς· ὥστ᾽ εἴ τις
ὑμῶν πονηρίαν καταγνώσεται τῶν ὡς ἐμὲ εἰσιόν-
των, δῆλον ὅτι καὶ τῶν παρὰ τοῖς ἄλλοις διατριβόν-
των· εἰ δὲ κἀκείνων, ἁπάντων Ἀθηναίων· ἅπαντες
γὰρ εἴθισθε προσφοιτᾶν καὶ διατρίβειν ἀμοῦ γέ που.

Ἀλλὰ γὰρ οὐκ οἶδ᾽ ὅ τι δεῖ λίαν με ἀκριβῶς ἀπο- 21
λογούμενον πρὸς ἓν ἕκαστον ὑμῖν τῶν εἰρημένων
ἐνοχλεῖν πλείω χρόνον. Εἰ γὰρ ὑπὲρ τῶν μεγίστων
εἴρηκα, τί δεῖ περὶ τῶν φαύλων ὁμοίως τούτῳ σπου-
δάζειν; Ἐγὼ δ᾽ ὑμῶν, ὦ βουλή, δέομαι πάντων τὴν
αὐτὴν ἔχειν περὶ ἐμοῦ διάνοιαν, ἥνπερ καὶ πρότερον·
μηδ᾽ οὗ μόνου μεταλαβεῖν ἔδωκεν ἡ τύχη μοι τῶν ἐν 22
τῇ πατρίδι, τούτου διὰ τουτονὶ ἀποστερήσητέ με·
μηδ᾽ ἃ πάλαι κοινῇ πάντες ἔδοτέ μοι, νῦν οὗτος εἷς
ὢν πείσῃ πάλιν ὑμᾶς ἀφελέσθαι. Ἐπειδὴ γάρ,
ὦ βουλή, τῶν μεγίστων ὁ δαίμων ἀπεστέρησεν ἡμᾶς,
ἡ πόλις ἡμῖν ἐψηφίσατο τοῦτο τὸ ἀργύριον, ἡγου-
μένη κοινὰς εἶναι τὰς τύχας τοῖς ἅπασι καὶ τῶν κα-
κῶν καὶ τῶν ἀγαθῶν. Πῶς οὖν οὐκ ἂν δειλαιότατος 23
εἴην, εἰ τῶν μὲν καλλίστων καὶ μεγίστων διὰ τὴν
συμφορὰν ἀπεστερημένος εἴην, ἃ δ᾽ ἡ πόλις ἔδωκε

προνοηθεῖσα τῶν οὕτως διακειμένων, διὰ τὸν κατ-
ήγορον ἀφαιρεθείην; Μηδαμῶς, ὦ βουλή, ταύτῃ
θῆσθε τὴν ψῆφον. Διὰ τί γὰρ ἂν καὶ τύχοιμι τοιού-
24 των ὑμῶν; Πότερον ὅτι δι' ἐμέ τις εἰς ἀγῶνα πώ-
ποτε καταστὰς ἀπώλεσε τὴν οὐσίαν; Ἀλλ' οὐδ' ἂν
εἷς ἀποδείξειεν. Ἀλλ' ὅτι πολυπράγμων εἰμὶ καὶ
θρασὺς καὶ φιλαπεχθήμων; Ἀλλ' οὐ τοιαύταις ἀφ-
ορμαῖς τοῦ βίου πρὸς τὰ τοιαῦτα τυγχάνω χρώ-
25 μενος. Ἀλλ' ὅτι λίαν ὑβριστὴς καὶ βίαιος; Ἀλλ' οὐδ'
ἂν αὐτὸς φήσειεν, εἰ μὴ βούλοιτο καὶ τοῦτο ψεύδε-
σθαι τοῖς ἄλλοις ὁμοίως. Ἀλλ' ὅτι ἐπὶ τῶν τριά-
κοντα γενόμενος ἐν δυνάμει κακῶς ἐποίησα πολλοὺς
τῶν πολιτῶν; Ἀλλὰ μετὰ τοῦ ὑμετέρου πλήθους
ἔφυγον εἰς Χαλκίδα, καὶ ἐξόν μοι μετ' ἐκείνων
ἀδεῶς πολιτεύεσθαι, μεθ' ὑμῶν εἱλόμην κινδυνεύειν
26 ἀπελθών. Μὴ τοίνυν, ὦ βουλή, μηδὲν ἡμαρτηκὼς
ὁμοίων ὑμῶν τύχοιμι τοῖς πολλὰ ἠδικηκόσιν, ἀλλὰ
τὴν αὐτὴν ψῆφον θέσθε περὶ ἐμοῦ ταῖς ἄλλαις βου-
λαῖς, ἀναμνησθέντες, ὅτι οὔτε χρήματα διαχειρίσας
τῆς πόλεως δίδωμι λόγον αὐτῶν, οὔτε ἀρχὴν ἄρξας
οὐδεμίαν εὐθύνας ὑπέχω νῦν αὐτῆς, ἀλλὰ περὶ ὀβο-
27 λοῦ μόνον ποιοῦμαι τοὺς λόγους. Καὶ οὕτως ὑμεῖς
μὲν τὰ δίκαια γνώσεσθε πάντες, ἐγὼ δὲ τούτων ὑμῖν
τυχὼν ἕξω τὴν χάριν, οὗτος δὲ τοῦ λοιποῦ μαθή-
σεται μὴ τοῖς ἀσθενεστέροις ἐπιβουλεύειν, ἀλλὰ τῶν
ὁμοίων αὐτῷ περιγίγνεσθαι.

Verzeichnis der Eigennamen

'Αγησίλαος, König und Feldherr der Spartaner, siegte im korinthischen Kriege bei Koroneia 394 v. Chr. über die verbündeten Athener, Thebaner und Korinther (XVI, 16).

Αἰγὸς ποταμοί, „Ziegenflüsse", Fluß auf der Halbinsel Gallipoli; hier besiegte Lysander 405 v. Chr. die athenische Flotte (XII 43; XVI 4).

Αἰσχυλίδης, Angeber unter den „Dreißig" (XII 48).

'Αλίαρτος, Stadt in Böotien, bekannt durch das Ende des Lysander 395 v. Chr. (XVI 13).

'Αλκίας, Freigelassener des Antisthenes (VII 10).

'Αντικλῆς, VII 4; } nicht näher bekannte Athener.
'Αντισθένης, VII 10

'Αντιφῶν, Sohn des Sophilos, als Redner und Staatsmann hervorragend vgl. Einltg. I, S. 4, IV, S. 20 (XII 67).

"Ανυτος, ein nicht näher bekannter Getreidevogt (XXII 8).

'Απολλόδωρος aus Megara, erhielt das Grundstück des Peisandros (s. u.), auf dem der umstrittene Ölbaumstumpf der Rede VII stand, zum Geschenk (VII 4).

"Αρειος πάγος, 1. vgl. Einltg. III, S. 14, erscheint als Aufsichtsbehörde über die Ölbäume VII 7, 22, 25, in außergewöhnlicher polit. Tätigkeit XII, 69. 2. Auf dem Hügel Areopag, nach dem das vorgenannte Kollegium benannt ist, befand sich eine Säule, in die die Gesetze Drakons eingemeißelt waren (I 30).

'Αριστοκράτης, einer der Vierhundert, verbindet sich mit Theramenes und führt durch die Schleifung von Eëtioneia den Sturz der Vierhundert herbei (XII 67), später Feldherr in der Arginusenschlacht und mit den andern Feldherrn hingerichtet.

'Αρμόδιος, ein Bekannter des Eratosthenes (I 41).

'Αρχένεως, ein Reeder aus dem Piräus, Freund des Lysias (XII 16).

'Αρχεπτόλεμος, Mitglied der Vierhundert, hingerichtet mit Antiphon (XII 67).

Βάτραχος, Angeber unter den „Dreißig" (XII 48).

Βοιωτία, XVI 16. Βοιωτοί im Dienste der Volkspartei XII 58, als Verbündete Athens im korinth. Kriege XVI 11.

Δάμνιππος, aus dem Piräus, Freund des Lysias (XII 12).

Δημήτριος, Athener (VII 10).

Δρακοντίδης, vgl. Überblick S. 22, Mitglied der „Dreißig" (XII 73)

'Ελευσίς, XII 52, vgl. Überblick S. 23.

'Ελλήσποντος, XII 42, XVI 4.

'Επιχάρης, aus dem Demos Λαμπτραί, Mitglied der ersten Zehnmänner (XII 55).

'Ερατοσθένης 1. ein Oligarch, einer der „Dreißig", wird von Lysias als Mörder seines Bruders Polemarchos angeklagt. Siehe Einltg. zur Rede XII und die Rede XII. 2. Ein Athener aus dem Demos Oe, Liebhaber der Frau des Euphiletos, wird von diesem ermordet. Siehe Einltg. zu Rede I (I 4, 16, 40, 43).

Εὐφίλητος, ein Athener, Sprecher der Rede I (I 46).

Θεμιστοκλῆς, sein Verdienst wird im Gegensatz zu dem vaterlandslosen Treiben des Theramenes erwähnt (XII 63).

Θέογνις, ein mittelmäßiger Tragödiendichter, macht als Mitglied der „Dreißig" den Vorschlag, sich des Vermögens der reichsten Metöken zu bemächtigen, und beteiligt sich an deren Verhaftung (XII 6, 13).

Θεσμοφόρια, die Thesmophorien, Fest der griech. Frauen zu Ehren der Demeter (I 20).

Θηραμένης, Sohn des Hagnon, mit dem Beinamen ὁ Κόθορνος, bedeutender Staatsmann der Athener, Gründer der Stadt Amphipolis, aber von zweideutigem Charakter und sehr herrschsüchtig. Über seinen Anteil an den Umsturzbestrebungen vgl. die Einleitung S. 20f. (XII 65, 71, 77).

Θρασύβουλος 1. der Sohn des Lykos aus dem Demos Steiria, der Führer der Demokraten in Phyle (XII 52) und im Piräus, kämpft ruhmlos am Nemeabach 394 v. Chr. und wird von Lysias wegen seines hochtrabenden Wesens verspottet (XVI 15).

Θράσυλλος, einer der Feldherrn, die nach der Arginusenschlacht hingerichtet wurden (XII 36).

'Ιατροκλῆς, ein Athener, war 411 an den Umsturzbestrebungen beteiligt (XII 42).

'Ιπποκλῆς, Mitglied der ersten Zehnmänner (XII 55).

'Ισθμός, Landenge von Korinth, 394 von den Athenern gesperrt (XVI 16)

Κάλλαισχρος, Vater des Kritias, Mitglied der Vierhundert, eine Hauptstütze der oligarchischen Partei (XII 66).

Καλλίστρατος, ein athenischer Landmann (VII 9).

Κέφαλος, der Vater des Lysias (XII 4); vgl. Einltg. II, S. 5f.

Κόρινθος, als Kriegsschauplatz von 394 erwähnt (XVI 15f.)

Κριτίας, Schüler des Sokrates, aus vornehmem Geschlecht. Führer der extremen Oligarchenpartei, vgl. Überblick S. 23 (XII 43, 55).

Λακεδαιμόνιοι erscheinen als Feinde der athenischen Demokratie VII 6; XII 40, 58, 60, 63, 70, 74, 77; ihre kriegerische Tüchtigkeit zu Lande XVI 17; zur See XXII 14.

Λαμπτραί, Demos der Phyle 'Ερεχθηΐς (XII 55).

Λύσανδρος, einer der bedeutendsten spartanischen Feldherrn, vernichtet die athenische Macht, richtet die Oligarchie ein (XII 71), kommt den ersten Zehnmännern zu Hilfe (XII 59).

Μαντίθεος, der sonst nicht näher bekannte Sprecher der XVI. Rede.

Μέγαρα, Stadt am Isthmos (XII 17, VII 4).

Μηλόβιος, einer der „Dreißig", tut sich bei der Beraubung der Hinterbliebenen des Polemarchos durch schnöde Habgier hervor (XII 12, 19).

Μιλτιάδης, aus Athen, hat wahrscheinlich im Auftrage der oligarchischen Partei den Lysander zum Sturze der Demokratie herbeigeholt (XII 72).

Μνησιθείδης, einer der „Dreißig", der sich an der Verhaftung der Metöken beteiligte (XII 12).

Ὄη, attischer Demos, nordwestl. v. Athen (I 16).

'Ορθόβουλος aus Athen, 399 mit der Aushebung der Reiter seiner Phyle beauftragt, bezeugt die Tapferkeit des Mantitheos (XVI 14).

Πειραιεύς, die Hafenstadt von Athen (XII 16, 40, 70), wird zur Zeit der „Dreißig" der Hauptstützpunkt der Volkspartei, die infolgedessen als οἱ ἐκ Πειραιῶς bezeichnet wird (XII 53, 95, 97; XVI 4).

Πείσανδρος, ein Führer der Vierhundert (XII 66), flüchtet nach deren Sturze nach Dekeleia, seine Güter werden vom Staate eingezogen (VII 4).

Πείσων, nebst Theognis der Anstifter des Metökenfrevels (XII 6, 8).

Περικλῆς, der berühmte Staatsmann (XII 4).

Πολέμαρχος, der Bruder des Lysias (XII 16f., 22).

Πόντος, das Schwarze Meer; αἱ ἐν τῷ Πόντῳ νῆες die vom P. nach Athen bestimmten Getreideschiffe (XXII 14).

Πρωτέας, athenischer Landmann (VII 10).

Πυθόδωρος, Archont 404/3 (VII 9).

Σαλαμίς, Insel im saronischen Meerbusen; die Demokraten dort werden von den „Dreißig" verfolgt (XII 52).

Σάμος, bekannte Insel an der Küste Kleinasiens, muß sich nach dem Falle Athens an Lysander ergeben (XII 71).

Σάτυρος ὁ ἐν τῷ Πόντῳ, Beherrscher des Bosporanischen Reiches mit der Hauptstadt Pantikapaion, befreundet mit der Familie des Mantitheos (XVI 4).

Σουνιάδης, Archont des Jahres 397/6 (VII 11).

Στειριεύς, aus dem Gau Steiria; ὁ σεμνὸς Στ. spöttische Bezeichnung für Thrasybul (XVI 15).

Σώστρατος, Ein Freund des Euphiletos (I 22, 39).

Φείδων, einer der „Dreißig" von der Partei des Theramenes, blieb nach dem Sturz der Oligarchie mit Eratosthenes in Athen, war einer der ersten Zehnmänner, wird von Lysias als der eifrigste Gegner des Friedens geschildert (XII 54f., 58f.).

Φυλή, bekannte Bergfeste, die die Straße nach Böotien beherrscht, wird 403 von Thrasybul besetzt (XII 52), dient dann den verbannten Demokraten als Sammelplatz (XVI 4).

Χαρικλῆς, einer der „Dreißig" extremster Richtung (XII 55).